JN028171

大串夏身・金沢みどり【監修】

ライブラリー 図書館情報学 ・・・・・・・・・・・・・・・・・・・ 4

柳与志夫【著】

〈第3版〉図書館制度・経営論

学文社

まえがき

　図書館は，あまたある社会的制度のひとつである。それが意味することは，山や動植物のように，人間がいようといまいと存在し続ける自然と違って，人びとがそれを作り，維持しなければ，図書館は存在しないということだ。つまり，「あって当然」ではなく，常にその存在意義が問われ，どのような社会的役割を果たしているかを説明する責任があるということである。

　本書は，司書資格取得のためのカリキュラムに沿って，図書館を支える法律その他の社会制度と，図書館が最も効果的かつ効率的にその社会的役割を果たしていけるようにするための経営について，その基本的な考え方と仕組みを理解することを目的にしている。どのような制度を前提とするかで，経営のあり方も大きな影響を受ける。その意味で，図書館に関わる制度と経営を連動させて考えていくことが必要である。

　制度も経営も，図書館の目的を達成するための方法・手段に過ぎない。そして，図書館の目的とは永遠不変のものではなく，その時々の社会や個人によって違ってくるはずだ。実際に，日本の公共図書館はデジタル情報環境の進展を受けてこれにどのように対応していくかの大きな転換期にあたっている。新たな目標設定とそれを実現するための経営手法・制度設計が求められているのである。読者の皆さんには，これからの図書館はいったいどのような社会的役割を果たしていくことが望ましいのか，自分なりに考えながら，学んでいただきたいと思う。本書ではそのためのヒントを提供するつもりである。

　本書第 1 版が刊行されてからちょうど 10 年が経つ。その間に社会のデジタル化は大きく進んだが，公共図書館は必ずしもそれに十分対応してきたとは言いがたい。今回の改訂にあたっては，情報メディア環境の変化を意識し，加筆修正した。なお，本書で扱う図書館は，公共図書館を主眼としており，単に「図

書館」というときは，公共図書館を指している。

2023 年 9 月吉日

柳　与志夫

目　次

第1章

図書館法の成り立ち

❑**本章の要点**

公共図書館は，図書館法や条例に基づいて設置され，運営されている。図書館法は図書館の基本的なサービスや運営について規定している。具体的に各条文を見ながら，どのような特色があるか考えてみよう。

第1節　図書館法の位置づけ

「図書館法」（昭和 25 年法律第 118 号，1950 年）と聞くと，すべての図書館がその対象になっているように思うかもしれないが，同法に基づいて設立・運営されているのは，公共図書館だけであり，国立国会図書館や学校図書館，大学図書館は，別の法規に基づいて運営されている（表 1.1）。しかも，法律で名称独占が認められている「学校」などとは違って，図書館法に基づかない「図書館」の設置も自由である。有料のマンガ図書館は，そのいい例だ。そうはいっても，自治体が設立している図書館のほとんどが，図書館法に依っていることも確かである。

1　教育法系の位置づけ

すべての法律は単独に存在するのではなく，扱う分野が関連する法律間で体系的な関係をもっている。図書館法の場合は，上位法としての社会教育法があり，さらにその上位法である教育基本法の下にあり，教育法体系に位置づけら

表 1.1　各種図書館に関する法規

図書館の種類	根拠となる法規
国立国会図書館	国立国会図書館法
公共図書館	図書館法
大学図書館	大学設置基準
学校図書館	学校図書館法

れる。つまり，教育基本法によって社会教育の定義が行われ，それを受けた社会教育法によって，図書館は社会教育施設としての役割が与えられている。公民館と博物館も同じ社会教育施設として社会教育法に規定されており，この3つの施設は，国では文部科学省，地方では各自治体の教育委員会の所管となっている。つまり，行政的には，図書館は教育行政の枠組みのなかにあるということだ。

　法律的には同じ社会教育施設として位置づけられている博物館・美術館は，一般的には文化施設と見なされており，法律的・行政的位置づけだけで，その施設の社会的役割が一義的に定まるわけではない。図書館についても，その社会的役割・機能の多様性への配慮は必要であり，実際に社会教育行政の枠組みだけでは図書館活動の広がりをカバーしきれないということで，近年は自治体によっては教育委員会とは別の部門（例えば文化行政部門）で実質的な運営をしているところも出現している。（第11章参照）

2　世界的な視点

　国内の法律上の位置づけとは別に，公共図書館は世界各地に存在し，世界的な図書館団体や文化機関における協議に基づいた，さまざまな取り決め，基準，理念などに準拠して各国の図書館活動がなされている。たとえば，ユネスコの公共図書館宣言（1949年採択，1972年・1994年改訂）は，公共図書館の基本的使命や役割，運営の原則などを世界共通の認識として表明したものだ。それに基づいて，国際図書館連盟（IFLA）は，図書館運営やサービスに関するさまざまなガイドライン，基準等を定めており，それに従わないからといって罰則規定

があるわけではないが，各国の図書館協会や個別の図書館もそれに対応した運営方針やサービス原則を採用している。また，国際標準化機構（ISO）で定められたメタデータやパフォーマンス評価などの国際規格についても，それに準拠することが図書館全体の運営・サービス水準をあげていくために必要だと考えられている。

第2節　図書館法逐条解説

　図書館法は，1950（昭和25）年に制定され，数次の改訂を経た全29条（そのうち，第11，12，18，19，21，22，24条は削除）から成る法律である。以下では，主要な条文を中心にどのような内容が規定されているか，第1条から順次見ていこう（以下の太字が条文，資料編に図書館法全文を掲載）。

第一条　この法律は，社会教育法（昭和二十四年法律第二百七号）の精神に基き，図書館の設置及び運営に関して必要な事項を定め，その健全な発達を図り，もつて国民の教育と文化の発展に寄与することを目的とする。

　第1条では，法律の目的として，「社会教育法の精神に基づき」図書館の設置と運営に必要な事項を定め，図書館の健全な発展を図ることによって，「国民の教育と文化の発展に寄与する」ことがあげられている。このように，社会教育法の下にありながらも，教育と並んで，図書館が文化の発展に寄与することが明示されていることに注目してほしい。

第二条　この法律において「図書館」とは，図書，記録その他必要な資料を収集し，整理し，保存して，一般公衆の利用に供し，その教養，調査研究，レクリエーション等に資することを目的とする施設で，地方公共団体，日本赤十字社又は一般社団法人若しくは一般財団法人が設置するもの（学校に附属する図書館又は図書室を除く。）をいう。

2　前項の図書館のうち，地方公共団体の設置する図書館を公立図書館といい，日本赤十字社又は一般社団法人若しくは一般財団法人の設置する図書館を私立図書館という。

第2条は，図書館の定義である。資料を収集・整理・保存・提供することで，市民の「教養，調査研究，レクリエーション等に資すること」が公共図書館の目的であると規定している。面白いのは，教養・調査研究と並んで，レクリエーションが大きな目的のひとつに挙げられていることだろう。楽しく，元気を回復する場としても考えられているのである。重要なのは，公共図書館には，自治体の設置する公立図書館と社団法人等が設置する私立図書館の2種類があるとされていることだ。逆にいえば，学校法人や医療法人，企業等が設置する図書館は，公共図書館からは除外されるということである。

第三条　図書館は，図書館奉仕のため，土地の事情及び一般公衆の希望に沿い，更に学校教育を援助し，及び家庭教育の向上に資することとなるように留意し，おおむね次に掲げる事項の実施に努めなければならない。

一　郷土資料，地方行政資料，美術品，レコード及びフィルムの収集にも十分留意して，図書，記録，視聴覚教育の資料その他必要な資料（電磁的記録（電子的方式，磁気的方式その他人の知覚によつては認識することができない方式で作られた記録をいう。）を含む。以下「図書館資料」という。）を収集し，一般公衆の利用に供すること。

二　図書館資料の分類排列を適切にし，及びその目録を整備すること。

三　図書館の職員が図書館資料について十分な知識を持ち，その利用のための相談に応ずるようにすること。

四　他の図書館，国立国会図書館，地方公共団体の議会に附置する図書室及び学校に附属する図書館又は図書室と緊密に連絡し，協力し，図書館資料の相互貸借を行うこと。

五　分館，閲覧所，配本所等を設置し，及び自動車文庫，貸出文庫の巡回を行うこと。

六　読書会，研究会，鑑賞会，映写会，資料展示会等を主催し，及びこれらの開催を奨励すること。

七　時事に関する情報及び参考資料を紹介し，及び提供すること。

八　社会教育における学習の機会を利用して行つた学習の成果を活用して行う

教育活動その他の活動の機会を提供し，及びその提供を奨励すること。

九　学校，博物館，公民館，研究所等と緊密に連絡し，協力すること。

　第3条は，図書館の提供する基本的サービスを列挙している，図書館法の目玉ともいえる部分である。冒頭で，「土地の事情及び一般公衆の希望」に沿うことが述べられており，全国画一のサービスではなく，地域の事情と市民のニーズを考慮したサービスの提供に留意していることは重要だ。

　第1号では，電磁的記録を含む図書，記録，視聴覚教育の資料その他に加えて，「郷土資料，地方行政資料，美術品，レコード及びフィルムの収集にも十分留意して」収集し（それを「図書館資料」と定義している），利用に供することを規定している。つまり，一般的に流通している出版物だけでなく，文書や史料，電子書籍，音楽・美術・映画等の各種媒体など，地域の人々の必要に応じた資料なら，何でも集め，提供するべきだと主張しているのである。ここで注意してほしいのは，法律ができた時代を考えれば当然であるが，収集・提供対象となるのは図書館が所有することができる記録媒体に限られており，ネットでつながっているだけの膨大なインターネット情報源や契約で利用可能な電子ジャーナル等有料データベースの扱いは法律上規定されていないことだ。つまりそれにどう対処するかはそれぞれの図書館の判断に任されていると言ってもいいだろう。

　第2号以下では，図書館資料に関わる相談（今でいうレファレンス・サービス），各種図書館等との連携によるサービス，図書館内だけでなく自治体全域をカバーするサービス，展示会・研究会・読書会などのイベント，情報提供サービス，社会教育活動，学校・博物館・研究所等との連携が挙げられている。

　つまり，ただ資料を収集してそれを提供するだけではなく，それらを基盤にさまざまな教育的・文化的・社会的サービスをすることが，図書館の基本的サービスとして考えられているのであり，どこにも資料の貸出が図書館の第一のサービスとは書いていないことに注目してほしい。

第四条　図書館に置かれる専門的職員を司書及び司書補と称する。

2　司書は，図書館の専門的事務に従事する。

3 司書補は，司書の職務を助ける。

　第4条～第6条は，図書館の専門職員である司書と司書補に関する規定である。第4条では，司書は「図書館の専門的事務」，司書補は「司書の職務を助ける」として，その職務を規定しているが，具体的に何が「専門的」職務なのかは一切明示されていない。このことが，司書の専門性に関わるその後の図書館経営における多くの問題を引き起こす原因のひとつになっていることは否めない。また，図書館への必置義務も定められていないため，司書のいない図書館も許容される結果となっている。実際に，自治体設置の公共図書館には，正規職員には司書有資格者がいないが，それを補うように非常勤職員や委託会社の職員の採用要件に司書資格を求めるという事例も少なくない。

第五条　次の各号のいずれかに該当する者は，司書となる資格を有する。

一　大学を卒業した者で大学において文部科学省令で定める図書館に関する科目を履修したもの

二　大学又は高等専門学校を卒業した者で次条の規定による司書の講習を修了したもの

三　次に掲げる職にあつた期間が通算して三年以上になる者で次条の規定による司書の講習を修了したもの

イ　司書補の職

ロ　国立国会図書館又は大学若しくは高等専門学校の附属図書館における職で司書補の職に相当するもの

ハ　ロに掲げるもののほか，官公署，学校又は社会教育施設における職で社会教育主事，学芸員その他の司書補の職と同等以上の職として文部科学大臣が指定するもの

2　次の各号のいずれかに該当する者は，司書補となる資格を有する。

一　司書の資格を有する者

二　学校教育法（昭和二十二年法律第二十六号）第九十条第一項 の規定により大学に入学することのできる者で次条の規定による司書補の講習を修了したもの

（司書及び司書補の講習）

第六条　司書及び司書補の講習は，大学が，文部科学大臣の委嘱を受けて行う。

2　司書及び司書補の講習に関し，履修すべき科目，単位その他必要な事項は，文部科学省令で定める。ただし，その履修すべき単位数は，十五単位を下ることができない。

　第5条と第6条は，司書および司書補の資格取得要件を定めたものである。

　注意してほしいのは，医師や弁護士と異なり，共通した国家試験はなく，それに合格することは求められていないということである。

第七条　文部科学大臣及び都道府県の教育委員会は，司書及び司書補に対し，その資質の向上のために必要な研修を行うよう努めるものとする。

（設置及び運営上望ましい基準）

第七条の二　文部科学大臣は，図書館の健全な発達を図るために，図書館の設置及び運営上望ましい基準を定め，これを公表するものとする。

（運営の状況に関する評価等）

第七条の三　図書館は，当該図書館の運営の状況について評価を行うとともに，その結果に基づき図書館の運営の改善を図るため必要な措置を講ずるよう努めなければならない。

（運営の状況に関する情報の提供）

第七条の四　図書館は，当該図書館の図書館奉仕に関する地域住民その他の関係者の理解を深めるとともに，これらの者との連携及び協力の推進に資するため，当該図書館の運営の状況に関する情報を積極的に提供するよう努めなければならない。

　第7条は，運営に関わるさまざまな内容の規定が盛り込まれている。

　まず，都道府県の教育委員会は，司書・司書補に対する研修に努めるべきことが定められている。また，国として図書館の設置と運営に関わる望ましい基準を定め，それを基に各図書館が運営状況の評価を行うことによって，図書館運営の改善を図ることを求めている。これは公共図書館の全国的な水準の維持を目的としている。さらに，地域住民・関係者に図書館を理解してもらうよう努めつつ，それを進めて連携・協力を行うことを促している。

つまり図書館は市民等に対して一方的にサービスを提供するのではなく，相互理解・相互協力をしながら運営していくことを求めており，現在の視点から見ても，市民参加を規定した革新的なものと言えよう。

第八条　都道府県の教育委員会は，当該都道府県内の図書館奉仕を促進するために，市（特別区を含む。以下同じ。）町村の教育委員会に対し，総合目録の作製，貸出文庫の巡回，図書館資料の相互貸借等に関して協力を求めることができる。

　第8条では，都道府県教育委員会と市町村教育委員会の関係について規定しており，都道府県が市町村に対して，域内における図書館協力（総合目録の作製，資料の相互貸借など）を促進する役割があることを示しており，都道府県内の図書館のネットワーク化を前提にしている。

第九条　政府は，都道府県の設置する図書館に対し，官報その他一般公衆に対する広報の用に供せられる独立行政法人国立印刷局の刊行物を二部提供するものとする。

2　国及び地方公共団体の機関は，公立図書館の求めに応じ，これに対して，それぞれの発行する刊行物その他の資料を無償で提供することができる。

　第9条は，国が政府出版物を都道府県立図書館に提供する義務があること，また公共図書館の求めに応じて国や地方自治体の資料を無償で提供できることを定めている。公共図書館が，住民の知る権利を保障する拠点として機能することを期待したものといえるだろう。

第十条　公立図書館の設置に関する事項は，当該図書館を設置する地方公共団体の条例で定めなければならない。

　第10条から第23条までは，公共図書館のうち，公立図書館に限って適用される規定となる。このように図書館法では公共図書館と公立図書館は，明確に区別されており，「公共図書館は公立図書館でなければならない」という図書館界によくみられる見解は，ひとつの考えに基づいた主張であり，法律的な裏付けがあるわけではない。

　第10条では，公立図書館の設置は，条例で定めなければならないと規定されている。つまり首長以下の執行部門だけの決定に委ねるのではなく，住民の

意思を代表する議会での論議を経て定めるべきだとしているのである。

第十三条　公立図書館に館長並びに当該図書館を設置する地方公共団体の教育委員会が必要と認める専門的職員，事務職員及び技術職員を置く。

2　館長は，館務を掌理し，所属職員を監督して，図書館奉仕の機能の達成に努めなければならない。

　第13条は職員に関する規定で，館長と並んで「教育委員会が必要と認める専門的職員，事務職員及び技術職員を置く」とされている。この「専門的職員」として第4条による司書・司書補が想定されていると考えられるが，その配置はあくまで「教育委員会が必要と認める」場合であり，専門的職員の必置義務はない。デジタルネットワーク社会における図書館の役割を考えるとき，ICTに強い職員の配置も不可欠になってくるが，それも「技術職員」あるいは専門的職員のなかに含めることができるだろう。そうした専門性をもった職員の図書館への配置は，各自治体の教育委員会としての判断，「方針」の問題であり，一律に法律で義務付けられたものではない。

第十四条　公立図書館に図書館協議会を置くことができる。

2　図書館協議会は，図書館の運営に関し館長の諮問に応ずるとともに，図書館の行う図書館奉仕につき，館長に対して意見を述べる機関とする。

第十五条　図書館協議会の委員は，当該図書館を設置する地方公共団体の教育委員会が任命する。

第十六条　図書館協議会の設置，その委員の任命の基準，定数及び任期その他図書館協議会に関し必要な事項については，当該図書館を設置する地方公共団体の条例で定めなければならない。この場合において，委員の任命の基準については，文部科学省令で定める基準を参酌するものとする。

　第14条，第15条および第16条は，図書館協議会に関する規定である。

　図書館協議会は，図書館運営の改善のために，教育関係者や学識経験者など外部からの意見を反映させるための仕組みであるが，「置くことができる」とあるように，その設置は各自治体に任されている。また，協議会は「館長に対して意見を述べる」ところまで，図書館協議会の論議をどのように実際の図書

館業務改善に役立てていくかは，教育委員会事務局担当者や図書館長の運用にかかっている。

第十七条　公立図書館は，入館料その他図書館資料の利用に対するいかなる対価をも徴収してはならない。

　第 17 条は，有名な図書館無料の原則を述べたところである。ただし，対価の徴収を禁じた「入館料その他図書館資料の利用」が，どの範囲のサービスまでを含むかについては，必ずしも明確ではない。実際に，図書館内の会議室の使用については有料の場合が少なくない。また，セミナーなどのイベントや契約によって提供している商用データベースの利用に料金を課している例もある。資料の閲覧や館外貸出が無料であることは当然であるが，予約サービスやレファレンス・サービスが「図書館資料の利用」にあたるか否かは，現実に料金を徴収している国内の図書館は皆無とはいえ，論議の余地はあるだろう。実際に海外の公共図書館では有料の場合も少なくない。主に出版社との契約で提供される電子書籍サービスが，今後公立図書館で一般的になってきた場合，有料化の問題について，図書館界あるいは各図書館において明確な方針を策定する必要があるだろう。

第二十条　国は，図書館を設置する地方公共団体に対し，予算の範囲内において，図書館の施設，設備に要する経費その他必要な経費の一部を補助することができる。

2　前項の補助金の交付に関し必要な事項は，政令で定める。

第二十三条　国は，第二十条の規定による補助金の交付をした場合において，左の各号の一に該当するときは，当該年度におけるその後の補助金の交付をやめるとともに，既に交付した当該年度の補助金を返還させなければならない。

一　図書館がこの法律の規定に違反したとき。

二　地方公共団体が補助金の交付の条件に違反したとき。

三　地方公共団体が虚偽の方法で補助金の交付を受けたとき。

　第 20 条と第 23 条は，国の補助金を得る場合の規定であるが，現実には公立図書館に対象を限定した国からの補助金制度は存在せず，地方創生等を目的と

した交付金対象の一部として図書館事業が選ばれることがある。

第二十五条　都道府県の教育委員会は，私立図書館に対し，指導資料の作製及び調査研究のために必要な報告を求めることができる。

2　都道府県の教育委員会は，私立図書館に対し，その求めに応じて，私立図書館の設置及び運営に関して，専門的，技術的の指導又は助言を与えることができる。

第二十六条　国及び地方公共団体は，私立図書館の事業に干渉を加え，又は図書館を設置する法人に対し，補助金を交付してはならない。

第二十七条　国及び地方公共団体は，私立図書館に対し，その求めに応じて，必要な物資の確保につき，援助を与えることができる。

第二十八条　私立図書館は，入館料その他図書館資料の利用に対する対価を徴収することができる。

第二十九条　図書館と同種の施設は，何人もこれを設置することができる。

2　第二十五条第二項の規定は，前項の施設について準用する。

　第25条〜28条は，社団法人や財団法人が設立した私立図書館に関する規定となっている。したがって，企業が運営する図書館は除外されている。私立図書館で注目すべきことは，第28条で利用料金の徴収を認めていることであろう。

　また法律で定めた公立図書館・私立図書館以外の「図書館と同種の施設」には，文庫や最近のまちライブラリーなども含まれると考えられ，図書館活動を広い視野で捉えようとしていることがわかる。

　このように，図書館法は1950年の制定からすでに半世紀以上が立っているにもかかわらず，その内容は決して古びてはいない。むしろ，現在でもここで規定されたこと（例えば第三条で列挙されている各種サービス）はまだ不十分にしか実現していないのである。その一方で，現在のデジタル情報環境の急速な発展への対応はできておらず，改正を含めた今後の検討が必要と言えるだろう。

第3節　条例等その他の法規

　図書館法第10条の規定により，公立図書館の設置にあたっては，地方自治体の条例で定めなければならない。したがって，公立図書館があれば，図書館設置条例が必ずあることになる。図書館設置条例では，設置の目的，設置場所，基本事業，開館時間，利用条件等図書館の基本的な運営・管理の原則が規定されるが，具体的な内容は，条例を受けて定められる運営規則やサービス要領などに委ねられる。規則，要領，規程等名称はさまざまだが，それらは相互に関連し，詳細事項はより下位の規則に定められ，全体として図書館関連法規の体系を作っている。ただ忘れてはならないことは，こうした規則類はあくまで図書館の運営やサービスを安定的に運営し，サービス・業務を推進していくために定めるものであって，規則にあるから新しいことはできない，というのは話が逆だということだ。新しいサービスを始めるためには，新しい規則を定めれば良いのである。また現実に合わなくなった規則類は，いつでも廃止・修正すればよい（ただし，条例は議会での審議・議決が必要）。

　考えてみよう・調べてみよう

1. 自分の住んでいる市町村の図書館の設置条例は，どのような内容になっているか調べてみよう。図書館法に書かれている内容のどの部分が反映され，どの部分は盛り込まれていないだろうか。
2. 図書館法第3条で規定されている図書館サービスのうち，自分がよく使っている公共図書館では何が実施され，何が実現されていないか考えてみよう。その理由はなんだろうか。

　読書案内

森耕一編『図書館法を読む　補訂版』日本図書館協会，1995年

第2章

図書館経営の意義と基本的な考え方

❏本章の要点

　ひと口に経営といっても，ガバナンス，経営，運営・管理の３つのレベルがある。行政は企業経営とまったく違った組織原理で動いていると以前は考えられていたが，今はむしろ企業経営との共通性に注目して，行政経営あるいは公共経営という考え方が一般的になっている。また，図書館は非営利組織として，営利組織にはない特徴がある。

第１節　組織の経営と経営原理

1　組織と経営：統治，経営，運営・管理

　図書館は，図書館員，建物，資料などさまざまな構成要素から成り立っている社会組織である。では，組織とは何だろう。細胞がただ集まっただけでは骨や内臓にならないように，司書が何人集まっても，それは図書館ではない。彼らを編成し，役割分担を与え，目的の実現に向けて運営する仕組み・ルールがあって初めて図書館という組織になる。つまり，組織となるためには，構成要素を編成するための方針・原則がなければならないということだ。さらに，それが「死んだ」組織ではなく，「生きた」組織であるためには，組織の目的実現に向けて，その活動を継続していく「経営」が必要となる。

　ひと口に経営（広義）といっても，統治（「ガバナンス」と英語のまま使う方が一般的），経営（狭義，本書では通常はこの意味で使う），運営・管理の３つのレベルに大きく分けて考える必要がある（図 2.1）。

```
      ┌ ガバナンス（統治）
経営  │
（広義）│ 経営（狭義）
      │
      └ 運営・管理
```

図2.1　経営の構造

ガバナンスは，経営の権限に関わる経営の正当性や最終的な経営責任，組織のあり方や基本方針を定めるレベルで，公共図書館でいえば，設置自治体の教育委員会や図書館行政責任者，地方議会の所管委員会などが担うことになる。図書館の設置目的の設定や図書館の経営責任者である図書館長の任免の権限をもつと考えればわかりやすいだろう。図書館設置条例は，図書館のガバナンスの基本を法的に表現したものといえる。

そして，組織の設置目的を実現するために，あらゆる経営資源（図書館でいえば，職員，資料，予算，施設・備品など）を調達・配分して事業や業務を企画・遂行するのが経営の責任である。会社でいえば社長や重役，図書館なら図書館長や図書館幹部が担うレベルだ。

次に，経営方針・経営判断とそれに基づく指揮監督の下に行われる具体的事業活動・業務処理の企画・実施・調整は，運営・管理のレベルにあたる。一般に課長や係長が担う部分といってよいだろう。

運営・管理は，経営の下に行われ，その経営もガバナンスに基づいて行われる，というように，この3つのレベルは明確に関連している必要がある。逆にそれが不明確なままだと，経営の実効性は上がらない。経営改革や経営改善という場合，これらのどのレベルを変えようとしているのか，しっかり意識しなければならない。改革の方法・手段もそれによって大きく異なってくる。

2　企業経営と行政経営

一般に経営といえば，企業の経営を思い浮かべるだろう。図書館行政もその一部である国や地方自治体が行う行政は，企業の経営とはまったく異なる原理によって成り立っているものと長く信じられてきた。特に日本では，企業経営に対応して，行政管理という言い方が一般的だった。しかし実際には理論面・実践面の多くの点で共通する要素があること，あるいは企業経営の要素を行政にとり込む方が有効なことがわかってきて，今では行政経営あるいは公共経営

という名称がむしろ一般的になっている。

　ちょっとした経験を紹介したい。それは，文学部出身の著者が公務員になってから図書館行政に関心をもち，その背景となる行政理論を少しは勉強しようかと思い始めた 40 年近く前のことである。

　図書館や書店で「行政学」と名のつく本の目次をいくら探しても，知りたい，読みたいと思っていたことは何ひとつ見つけることができなかった。そこにあるのは，憲法から始まって，国家行政組織法や地方財政法，行政手続法などの解説，つまり行政に関する「法律学」だった。行政は何をめざすべきか，そのためにどのように戦略（政策）を構築するのか，その実現に向けた財政や人的資源の配分はどうするのか，過去の事例分析はどのように参考にすればいいか，ということにはいっさい触れず，法律の体系や解釈の仕方，過去の行政訴訟の判例などが無味乾燥に並んでいるだけだった。結論としては，こんなものを読んでも役に立たない，である。

　なぜ行政学が行政の法律学になってしまったのだろうか。もちろん，行政が法律に基づいて執行され，また政策を実現するためには法律や条令を制定する必要があることは基本原則である。公共図書館も図書館法や図書館設置条例に則って運営される。しかしそのような法規制定は，行政は何をなすべきかの議論があり，めざすべき政策内容が決まった後に，それを実現するためのひとつの道具でしかない。ところが日本では，行政の理論における法律解釈論の優位が長く続いた。その理由のひとつには，日本では主要な行政組織の出身者に圧倒的に法学部出身者が多かったということがあるかもしれない。英国やフランス，中国では，官僚の出身は法律関係だけでなく，経済学・経営学，理工学系，人文学系などさまざまな背景をもっている人々から構成されるのとは対照的だ。

　こうした行政または行政理論における法規優先を象徴する言葉のひとつとして，長く行政の現場で使われてきたのが「行政管理」である。その前提は，法規を基軸に社会活動を律することが行政の中心だとする考え方であり，新しい社会問題には新しい法律をつくる，または既存の法律の解釈を改めたり拡大したりして対応し，法規の網の目を社会に張っていこうとするものだ。

しかし現実には，そのような法律づくりだけでは対処できない社会問題や経済問題が近年続出してきた。それどころか，さまざまな「規制」に象徴されるように，法律執行の主体である政府（国と地方自治体）そのものが社会問題を引き起こしているのではないか，という疑問が生じてきたのである。その反省に立って，新しい行政経営や行政改革の理論的支柱として現れたのがNPMである。

3　行政経営の新しい潮流

　日本では長らく行政学は行政の法律学であった。しかし世界中でそうだったわけではない。米国では20世紀初頭から，テイラー（Frederick W. Taylor）の科学的管理法などの経営論の手法を適用して，「行政の経営学」として行政学が形成されていた。また，欧州諸国でも各種経営理論や企業で活用されている経営手法を，行政の「経営」に生かしていこうとする理論化と実践が積み重ねられてきた。このような理論と実践のひとつの到達点がNPM（New Public Management）である。

　NPMは，ひとつのまとまった理論体系ではない。英国やニュージーランドでの行政改革の試行錯誤と研究者による事例分析・体系化による理論構築が，1980年代から相互に影響しながら形づくられた行政経営（論）の潮流といってよい。したがって，理論と実践の間，理論相互，各国における政策相互で必ずしも整合性が取れているわけではないが，以下の共通の特徴がある。

①　公共サービスにおける市場メカニズムの導入

　公的部門と民間部門，あるいは公的部門間で競争する環境（市場メカニズム）を作ることによって，より効果的・効率的な公共サービスや公共財の供給を行おうとするものである。具体的には，民営化，民間委託，指定管理者制度，PFIなどさまざまな手法がある。

②　財務会計制度と公務員人事制度の改革

　お金と人材がとりわけ重要な経営資源であることは疑いない。それにもかかわらず，公的機関ではそのもっとも重要な2つの資源の活用にさまざまな制約があった。その象徴が官庁会計制度と公務員制度である。もちろ

んそのような制度は，公的機関の公正さや公共性を保障するためにやむを
えない部分もあるが，経営組織として公的機関を見た場合，経営の柔軟性，
環境変化への対応のスピード，公開性など多くの点で行政経営の手足を縛
っていた。その対策として，官庁会計については，発生主義会計や貸借対
照表の導入，公務員制度については，年功序列から業績評価主義への移行，
任期付職員など人材登用の多様化等の方策がとられた。

③　業績評価の仕組みの開発

　従来の行政組織では一般に政策の立案やその予算化は熱心に取り組まれ
たが，いったん決まった予算の執行や政策遂行の適切さ，さらにそれがど
れだけの効果，実績があったかの検証には，驚くほど無頓着な部分があっ
た。その典型は，いったんある事業についた予算が，仮にその必要性がな
くなっても，毎年機械的に継続されてしまうことがしばしば見られたこと
だ。そのため NPM では，政策執行の適正さと実施結果を評価する仕組み
作りに多くの努力を注いだ。さまざまな行政サービス評価指標の開発や，
企画部門と執行部門の分離などの制度改革はその一例である。

④　顧客主義の標榜

　図書館サービスを含めてこれまでの行政サービスは，供給サイド，つま
り行政組織の側で考えた適切なサービス，必要なサービスを市民に提供す
るという視点に立っていた。しかしそのような観点からでは，本当に市民
が必要とするサービスが，適正かつ満足のいく形で提供されているか否か
を判断する基準は不明確なままであった。行政サービス提供の対象者であ
る市民を顧客としてとらえ，顧客にとっての価値を起点にサービスの評価
をしていこうとするのが NPM の考え方だ。

　市民と自治体の関係が果たして顧客主義だけで捉えられていいのかなどの理
論的問題もあり，また現実の自治体での実践例も結局経費節減・行政サービス
削減の道具に使われただけ，という批判・問題点が NPM にあることは確かで
あるが，図書館サービスを含むそれまでの行政サービスに欠けていた改革の視

点を提供したことは参考にすべきだろう。

第2節　経営組織

1　営利組織と非営利組織

　組織は営利組織と非営利組織に大きく分けることができる。

　営利組織の代表は企業である。非営利組織の場合は，政府などの公的機関と，学校法人や宗教団体，環境保護団体，業界団体のような民間非営利組織の2つがある。趣味の同好会や学校の同窓会も民間の非営利の組織であるが，一般に「非営利組織」という場合は，個人的関心・利害のためではなく，社会的使命・団体としての利害・関心をもって計画的活動を行なっている組織を指すことが普通である（図2.2）。

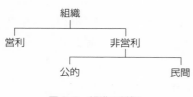

図2.2　組織の種類

　公共図書館は，非営利組織に分類され，その大半は公的機関である。しかし第1章でふれたように，公共図書館＝公立図書館ではないことに注意したい。古くは米国公共図書館の発祥といわれるフィラデルフィア公共図書館も会員制の民間図書館がその始まりだった。業務委託先や指定管理者としてではなく，100％NPO主体で運営される公共図書館の誕生も将来の夢物語というわけではない。本書では，公立図書館だけでなく，営利組織または民間非営利組織によって運営される私立公共図書館の可能性も視野に入れておきたい。それは私立図書館を柱のひとつにした図書館法の精神にも合致している。

2　非営利組織経営の特徴

　営利組織の経営と比較して，民間・公的機関を問わず非営利組織の経営の特徴を考えてみよう。

　一般に企業が収益を最大の目的としていることに対して，非営利組織は，学

22

術文化の発展や教育の普及，福祉の充実といった公共的使命を目的にしていることに，まず大きな違いがある（表2.1）。つまり，あれほど多様な種類の企業・業種が存在するにもかかわらず，そこには収益という共通のわかりやすい目標がある。一方，非営利組織の目標は，組織ごとに違っている。それどころか宗教団体や社会思想団体のように，相互に矛盾・対立する組織目標が掲げられることも珍しいことではない。ただし，そのことがすぐにすべての非営利組織に共通な経営手法を設定することが不可能であることを意味するわけではない。しかし，非営利組織経営の研究や実際の運営の歴史が浅いこともあり，企業経営に比べると，非営利組織の標準的経営手法の開発は，まだまだこれからである。

表2.1　非営利組織の分類（米国の例）

1	芸術，文化，人文科学
2	教養
3	環境・動物
4	健康
5	福祉サービス
6	国際・海外問題
7	公共的・社会的利益
8	宗教関連
9	相互／会員利益
10	不明，分類不能

（出所）NCCS (National Center for Charitable Statistics) による。ref. www.nccsdataweb.urban.org

　非営利組織それぞれの組織目標が異なるということは，「その活動の成果は何か」を判断するにあたって注意しなければならない観点である。達成目標の異なる各公共図書館について，利用者の増減や蔵書の多寡など一律の基準で判断することは戒める必要がある。

　資金源とサービス提供相手が通常は一致しないことも，非営利組織の大きな特徴である。確かに企業も証券市場など顧客以外からの資金調達は重要な役割を果たすが，最終的には顧客から資金を回収することができる（できなければ倒産してしまう）。しかし，たとえば公立図書館はそれを設置した自治体の税収によって支えられているが，実際の利用者は住民税を払っている人すべての半数にも満たないのが普通だ。一方，設置自治体の資金源になっていない他の自治体の住民でも図書館は自由に使え，予約やリクエストなどフル活用している人も少なくない。しかも，資金提供者とサービス享受者の利害は常に一致するとは限らないのである。

　営利組織と非営利組織の経営上の比較を一歩進めて，企業経営と比べた非営利組織経営の難しい点をここで列挙してみよう。いずれも図書館を始めとする

非営利組織のもつ「公共性」または提供サービスの特殊性から派生する問題だ。

- 資金源の意向によっては，サービス提供先として敢えて困難な（不利な）対象を選ばなければならないことが少なくない。あるいは，対象者を絞れば効果があるのがわかっている場合でも，公平性の観点から，すべての人を対象にしなければならないこともある。「儲けられる人」だけにサービスの提供を集中することが難しい。

- サービス対象者だけでなく，資金提供者，世論，専門家，議会等管理機関，企業など（「ステークホールダー」といわれる），配慮が必要な利害関係者が多く，サービス対象者に経営資源を集中することが難しい。

- 通常の人が関心を寄せない，しかし社会的には重要なテーマを敢えて選択することになりがちである（そうでなければ，とっくに企業が乗り出しているから）。しかもそのような分野は，社会的規制が多く，効果的な経営手段が限られる。

- 禁煙キャンペーンや環境保護活動のように，成果を上げるためには多数の人の賛同を得なければならない場合が多く，市場の 10% の人に購入してもらえれば大成功の企業とは大いに異なる。ちょっとした趣味の変更ではなく，男女平等や読書振興，禁煙という，人々の思想・生活習慣の転換に関わることが多く，その説得には大きな困難が伴う。

- 実際の運営を担う人材は，企業のような賃金による報酬という明快な雇用関係ではなく，人事上特有の問題を含む公務員やボランティアなどが中心となっており，インセンティブを働かせるためにはさまざまな配慮が必要である。

- 収益率等の財務指標が明確な企業と異なり，何を成果の指標とするか，測定基準をどのように設定するか，といった評価方法に難しさがある。

第3節　組織運営の規則

次に非営利組織一般ではなく，図書館に即して運営管理レベル経営を考えて

みよう。その場合，資金（予算）や人材，図書館資料などの経営資源の運営管理については別の章で取り上げるので，ここでは法規的観点に絞って考えることにしたい。

1　サービス提供と図書館業務処理の規定

　日常の図書館業務やサービスを行うときには，それが何に基づいて行われているのか，その法的根拠は何か，ということを意識することはない。これまでやってきたとおり，あるいは状況に応じた変更をしながら対処しているのが普通だ。しかし実際には，それらは何らかの法規的根拠に基づいて行われている。仮にそのような根拠がない場合は，急いで作成しておく必要がある。公立図書館という公的機関あるいは公務員である図書館員が行う行為が，恣意的であってはならないからだ。もちろんだからといって，あまりに煩雑な規定をつくり，利用者の利便性や効率的な職務遂行を妨げるようなことは本末転倒である。柔軟に運用できる余地を残しておかなければならない。

　図書館サービスの規則は，利用登録，資料の貸出・返却，館内利用，レファレンス・サービスの範囲と運用，複写サービスなど，すべてのサービスにわたるが，忘れてはならないのは，それが図書館としてのサービス方針の具体化・住民への表明になることだ。その趣旨を生かしたうえで，利用の効率性や公平性などに配慮した簡便な利用規則を制定する必要がある。

　日々のサービスを行う過程で，利用者とのトラブルは必ず生じるものだ。図書館（職員）側のミスや不親切に起因する場合もあれば，民間のサービス業でも大きな問題となっている問題利用者の無理難題ということもありうる。そして最終的に利用者に納得してもらう根拠として，規則が有効な場合が多い。逆に規則の不備や職員の認識不足によって，トラブルが長引いてしまうこともある。

　業務を処理するうえでの諸規程にも，ガイドライン的な取り決めのように，法規というよりも協同して仕事をしていくためのルールのようなものから，複写料金徴収のように，最終的には法律や条令に基づく手続き・規則まで，さまざまな種類とレベルがある。それらは業務を効果的・効率的・公正に処理する

ために定めたものだから，「規則に書いてある」ことを金科玉条にして，状況の変化に応じた改正を怠ることがあってはならない。

2 内部管理のための規則

　通常の図書館業務を処理するための規則に加えて，内部管理，たとえば組織や人事，予算・会計などを定めた法規類が存在する。それらは，同じ自治体内の他部門と共通する場合が多いが，図書館独自の要素を加味して多少の変更を加えることもある。

　内部管理規則の中で，特に人事関係と財務関係は関係法規の数も多く，内容も複雑なことが多い。一般に司書は，こうした行政法規的側面に関心がなく，また理解も不十分だといわれることが多い。しかし，それらはいわば行政職としての共通言語だ。館内でサービスや業務が完結していたかのような印象があった過去の図書館と異なり，医療・法律・福祉等の情報提供に力点を置き始めた最近の公共図書館にとって，同じ自治体内の関連部署の協力は不可欠である。司書といえども，行政法規や一般的な行政処理の手順について，理解を深めておくことは必要だ。

　人事関係の法規は，服務，任用，給与など多岐にわたるが，近年社会的関心が高まっているトピックとしては，個人情報保護と公務員倫理の問題がある。社会状況の変化に応じて，それらの許容される基準に大きな変化が生じる。利用者に関する情報の漏洩など，一人の職員の不祥事が，図書館組織全体にとって大きなダメージとなりうるのだ。

　財務関係法規では，公正競争の確保や指定管理者制度の導入などさまざまな制度改革に関連して，業者選定方式や契約事務の複雑化が目立ってきた。また，まだ順調とは言い難いが，貸借対照表の導入などによる財務管理手法の改革の方向も見え出している。

　人事と財務について，公務員制度と官庁会計は，「官」の古い体制を支えてきた大きな柱だった。それだけに，NPM など新しい行政経営の考え方から見れば，その二つは改革の重要な標的だ。そうした動向も追っておく必要がある。

3 業務マニュアルの活用

　正式な規則ではないが，図書館業務とサービスを円滑に行うために不可欠な取り決めとして，業務マニュアルがある。業務マニュアルは，たとえば貸出カウンター処理マニュアルのように，職員がそれぞれの担当業務・サービスごとに，どのような目的と手順で業務処理を行なっていくかを定めたものだ。担当職員全員でマニュアルに盛り込むべき素材を持ち寄り，論議しながら，最終的には担当責任者がまとめあげて作成するのが一般的だ。

　通常，サービス規則や管理規則には原則的なことだけが述べられているため，日々の業務を処理し，問題が起きたときに対処するためには，個別の処理プロセスやトラブル対応方法を記述した業務マニュアルの存在が不可欠だ。マニュアルに依拠することによって，担当者が違っても，同じレベルでの対応が保障され，新しい担当者の研修教材にもなる。

　マニュアルの作成は業務の改善にも役立つ。明文化することによって，日常業務の内容を明らかにし，それを基に処理方法を合理化したり，新しい状況に合わせて業務を改善する手がかりにもなるからだ。したがって，マニュアルは，一度作ったら終わりではなく，常に見直していく必要がある。

4 基準を定める

　図書館には，サービスまたは業務の目標や水準を示す，方針や基準がいろいろ定められている。それらは規則といえば規則だが，守るべきルールというよりも，努力目標の感じが強い。その典型が収集方針だ。

　図書館の収集方針は，蔵書構築という図書館の基盤を支えるもので，そこから逸脱した選書を行うことはできない。しかし，そこであげている収集の目標は「〜の充実を図る」というような記述が多く，1，2年ですぐ達成できるようなものではない。そこで，収集方針をさらに具体化させた収集基本計画（数年間を視野に入れる）と年度別の収集計画を策定する必要が生じる。

　公共図書館の蔵書や選書方法をめぐっては，外部からのさまざまな圧力や批判が常に起こりうる。また，住民等の善意からくる寄贈申し出も，図書館にと

ってありがた迷惑な場合も少なくない。こうした問題に対処するためには，収集方針・計画をきちんと作成し，選書方法も含めて，情報公開をしておくことが大前提となる。

　近年注目されている基準としては，図書館のパフォーマンス評価基準がある。一連の行政評価重視の社会的傾向もあるが，図書館界・図書館情報学界ではそうした問題が注目される以前から，その指標化と基準値の設定に熱心に取り組んできた。その成果は，ISO のパフォーマンス評価指標やそれを受けた JIS 化に見ることができる。今後の焦点は，コストや労力の問題をいかに解決して，実際の図書館活動に適用していくかだ。

　個別の図書館の基準とは別に，国としての公共図書館整備の基準もある。1992 年に文部省局長通知の形で出された「公立図書館の設置及び運営に関する基準について」はその例だが，実現に向けての助成措置やその後の評価・検証がないため，任意の努力目標に終っているのが現実だ。

考えてみよう・調べてみよう

1. 身近の非営利組織を取り上げて，その使命や組織的特徴を会社と比べてみよう。何が共通で，何が違っているだろうか。
2. 図書館の利用者を「顧客」「お客様」と考えることは妥当だろうか。その利点と問題点をあげてみよう。

読書案内

大住荘四郎『NPM による行政改革：経営改革モデルの構築と実践』日本評論社，2003 年
ドラッカー，P. F.（上田惇生訳）『非営利組織の経営』ダイヤモンド社，2007 年
山内弘隆・上山信一編『パブリック・セクターの経済・経営学』NTT 出版，2003 年

第3章

図書館経営の仕組み

❏本章の要点

　一般に経営資源には，ヒト・モノ・カネ・情報・時間の5大要素がある。近年はそれに加えて，組織文化とブランド力にも注目が集まっており，図書館にとっても重要な経営資源である。組織編成と業務プロセスを同一視しがちだが，組織をいくらいじっても，業務の改善が進まないことが多い。図書館の業務プロセスがどうなっているかに注目しなければならない。

第1節　経営資源の構成要素

1　ヒト，モノ，カネ，情報，時間

　組織の経営には，財的・人的・物的資源の裏付けが必要だ。どんなにすばらしい経営計画を作っても，それを支える資金や人材が確保できなければ，まさに絵に描いた餅である。逆にいえば，利用可能な経営資源の範囲に経営のあり方は制約される。図書館もその例外ではない。代表的な経営資源として，ヒト，モノ，カネ，情報，時間の5つがあげられる。

　まず，ヒト，つまり人的資源について，会社でいえば社員，図書館では司書その他の職員だが，近年極めて大きな状況変化が生じている。アウトソーシングの潮流だ。

　通常，経営資源といえばその組織の内部にある資源をいう。しかしそのことは，資源すべてを内部で生産・調達しているという意味ではない。ヒトでいえ

ば，たとえば外部資源である新卒学生を採用その他の手段で調達し，研修や人事異動による訓練によって内部資源化しているわけで，そのためのコストや手間が当然かかっている。

　アウトソーシングは，業務委託や人材派遣のように，外部の人的資源を内部化せず，その時々の必要によって外部資源のまま選択利用することで，臨機応変な人材の確保やコストの節減を図る方法である。公共図書館でもその動きは顕著だ。しかしその一方で，それに頼りすぎると内部の人材が育たず，その組織を中心となって支える人がいなくなってしまう危険性もある。

　経営資源としてのモノを考えた場合，土地・建築・設備等の固定資産と，製品とその材料に大きく分かれる。電子図書館という新しい方向もあるが，基本的には図書館はその名のとおり，図書館という場所・施設のあり方に大きく依存する装置産業であり，この巨大な投資を必要とする装置をどれだけ活用できるか，経営的観点からもっと注目をしていい。また，製品とその材料と書いたが，図書館でいえば，製品にあたるものは図書館サービスであり，資料その他が材料ということになる。

　企業経営と行政経営で最も異なる要素がカネ（財務資源）である，とこれまでは思われてきた。実際，今の企業経営と官庁会計の仕組みはまったく違っていて，企業経営で利用できるさまざまな財務手法が公的機関では使えないことが多かった。資金確保についても，従来の公的機関では税金を原資とする予算編成がすべてだ。しかし，この分野についてもNPMを始めとする新しい官庁会計制度への改革の動きが始まっている。

　以上の三つの経営資源については，第3章〜5章で詳しく見ていく。

　さらに，情報が重要な経営資源であることは，インサイダー取引をめぐる事件を含め，近年の金融関係のさまざまな出来事が象徴的に示している。必要な情報を収集し，それを加工・編集し，実際の製品・サービスに生かし，適切に市場を選択するなど，情報が関わらない経営判断は存在しない。そして非営利組織にとっても，その重要度に変わりはない。しかし企業と比べて，組織の使命の正しさ・普遍性とその永続性を信じる傾向が強い非営利組織は，組織に不

都合な外部情報の入手や状況変化に応じた関連情報分析，そこから導かれる経営戦略の変更などを軽視しがちだ。しかし経営的観点から見れば，「いいことはいつどこでもいいことだ」とは限らない。

　情報収集能力や情報分析能力の高さ，それ以上に，そのようにして得た情報をどのように経営に生かすかが，ますます経営論上の大きな課題になってきている。そのなかから発展してきたのが知識経営（knowledge management）の思想だ。

　知識経営は，人的資源や財務資源と並ぶ経営資源のひとつとして情報資源を活用するというこれまでの考え方から進んで，個々の情報ではなく，組織に蓄積・形成された「知識資産」こそ，あらゆる資源を活用するための経営基盤であるとする立場だ。ここでいう知識資産とは，たとえば，組織構成員やグループのもつノウハウ，構成員の相互コミュニケーションから生まれる知識，蓄積された技術・企画力，保持している特許や著作権，優れたマニュアルやプログラム，熟練技能，組織の伝統，ブランドなどである。こうした知識資産こそ，組織が生み出す価値の源泉であり，そこから（企業の場合は）収益が得られると考えるのだ。

　この知識経営の考え方は，広く企業に普及しつつあるが，少なくとも日本の非営利組織ではほとんどまだ取り入れられていない。しかし，そもそも情報・知識の上に成り立っている図書館の経営に関しては，むしろ馴染みやすい考えではないだろうか。

　時間が重要な経営資源であることにも，非営利組織はどちらかといえば無頓着だ。しかし，どれほど綿密な事業計画を策定しても，それにどれだけの時間資源を配分していくかの計画が伴わなければ，それは実施可能な計画ではない。限られた時間のやりくりのなかで，経営資源を最も効果的・効率的に配分することにこそ経営の醍醐味があるといってよい。

　「いいサービス」がいつになってもいいサービスのままであるとは限らない。

2　組織文化とブランド力

　人的資源や建物・資料のような物理的資源は可視的であり，可視的とはいえない情報資源や時間資源も定量的・定性的な把握は可能である。一方，そのような形での資源掌握は難しいが，組織経営のあり方に大きな影響力をもちうる資源がある。組織文化とブランド力だ。

　この２つの資源の特徴は，短期的だけでなく長期的な影響力をもつこと，直接的だけでなく間接的な働きをすること，獲得するためには時間がかかり，明快な獲得手段がないこと，などがあげられる。知識資産の重要な構成要素であり，他の経営資源を活用するための基盤になるものだ。

　組織の行動を暗黙裡に規定する組織文化には，当然ながら，施策展開をやりやすくするプラス方向に働くものと，本来の施策の効果を減じてしまうマイナス方向に働くものがある。典型的な例としては，ある組織で，多少の失敗は大目に見て，新しい事業への取り組みを応援する雰囲気がある場合と，堅実さを売りにして，新しい試みに対してはその問題点の指摘に熱心になってしまう雰囲気がある場合とでは，新規事業の立ち上げ方は大きく異なってくる。それは直接的には担当上司が積極派か消極派かの違いによる場合もあるだろうが，実際には組織文化の違いによることが大きい。

　こうした組織文化のあり方は，組織の伝統・歴史や構成員などさまざまな要因によって規定されるため，意識的・政策的に変更ができる部分と，簡単には変更が難しい部分がある。しかし，アップル社やユニクロなど国内外の多くの例を見る限り，トップリーダーがプラスの組織文化を作っていくうえで果たす役割は大きい。

　ブランド力については，いい製品を作りつづけた歴史の結果がブランドを作り上げたということもあるが，今，経営論上で重視されているのは，そのようないわば自然発生的なブランドではなく，製品・サービスの利用を促進し，組織イメージを高めるブランド力をどのようにして意識的に獲得するかにある。つまり，それだけブランドが経営に及ぼす力の大きさが認識されだしたということだ。確かに，仮に同じ製品を市場に出した場合でも，どの企業が出したか

によってその製品の信頼度が異なることは多くの調査が示している。

　従来「ブランド」は，企業の製品やサービスに関するものと思われてきたが，非営利組織についてもその重要度は変わらない。「図書館ブランド」の獲得は，図書館経営の発展に欠かせない要素となっている。

第2節　業務プロセスと経営資源

1　業務プロセスへの注目

　経営資源の利用には，資源獲得，資源整備，資源配分の3つの側面がある。経営の本質は，ある組織で使用可能な経営資源（人材や資金）をどのようなバランスでこの3分野に投入し，各種経営資源を組み合わせて最大の産出（製品やサービス）を生み出すかにある。その3つの側面のうち，経営資源の獲得と整備は，3番目の資源配分を最も効果的かつ効率的に行うためにあることを考えれば，どのような業務プロセスにどれだけの経営資源を配分するかを決めることが，計画段階での最も重要な経営判断といえる。

　ここで経営資源の配分の対象を業務プロセスとしたことに注意してほしい。業務プロセスとは，製造業を例にとれば，材料の調達，製造，流通・販売などに区分できる業務処理の工程であり，こうした大区分の工程とそれを構成する中小の工程に体系化される。通常の企業や役所では，予算配分や人員配置は，まず事業本部や部局などの組織割りで行われることが多い。それは組織区分が業務プロセスの区分を反映しており，プロセスごとに資源を配分することが最も効果的・効率的な資源利用を可能にすると考えられるからだ。

　しかし実際には，業務プロセスと組織編成は乖離することが多く，本来は業務プロセスを改善しなければならないのに，組織を改編したことでそれができたと勘違いしていることも少なくない。そこにメスを入れた経営手法が，マイケル・ハマー（Michael Hammer）らが主張したBPR（Business Process Reengineering）である。

　BPRは，1980年代後半から90年代前半にかけて世界的に注目された考え方・

手法で，企業経営におけるビジネス・プロセスへの着目と，そこでのICT（情報・コミュニケーション技術）を導入した抜本的な改革に特徴がある。その意味で近年話題となったDX（Digital Transformation）の原型と言ってよいだろう。

　従来の経営論における改革手法は，どのような組織編成が最も経営効率を高めるかの論議に傾きがちであった。BPRでは，表面的な組織をいくらいじっても，その背後にある業務プロセスを変革しない限り，根本的な改革にはならないと考える。これまでの近代経営システムを支えてきたビジネス・プロセスのモデル（分業システム）が，現代の情報技術環境に適合しなくなっているのだ。

　業務プロセス自体の変更なしにどんな最新技術を導入しても，その効果は限られる。ハマーのあげた有名なたとえを使えば，既存のプロセスをそのままにして新しいICTによるオートメーション化を図ろうとするのは，生産地から消費地へ向かう貨物列車が出る最寄りの駅まで，牧場から牛を歩かせていたでこぼこ道を舗装するようなものだ。なぜ近くに飛行場を確保して飛行機で牛を運ばないのだろうか。

　このように全面的に業務プロセスを見直すことは，ICTの導入が急務となっている公共図書館にこそ必要なことだろう。

2　図書館の業務プロセス

　ここでは公共図書館の標準的な業務プロセスの概要を理解することにしたい。当然ながら，業務プロセスは固定したものではなく，見直しと改変が可能である。むしろBPRの考え方によれば，ICTの利用を含めて，常に，しかも大胆に見直すことが必要だ。

　まず，図書館を図書館サービスの提供機関と捉えた場合，サービスを提供するプロセス，提供できるようにするための準備・基盤づくりのプロセス，それらが円滑に行われるための運営管理のプロセス，の3つに大きく分けることができる。

　準備段階は業務内容ごとに幾つかのプロセスに分けることができる。たとえば閲覧・貸出サービス用の本の整備を考えてみよう。まず，蔵書構築方針や収

集計画に基づいた選書作業がある。選んだ本は発注され，納入される。それを受け入れ，データをとり，排架位置を定め，所定の場所に置くことになる。システム管理上でこの作業を行なっている図書館も多いはずだ。ブックトークやビジネス支援セミナーなどのサービスの場合は，また違った準備プロセスが必要になる。

　本の選書から排架までの作業は，長い間多くの図書館でほぼ同じような業務プロセスだった。しかし，たとえば電子ジャーナルを利用しようとするとき，そのプロセスは一変してしまう。紙ベース資料の受け入れプロセスも，従来の方法やプロセスの区切り方が，はたして唯一のあり方だったのかどうか，考え直してもいい。

　同じことがサービスのプロセスにもいえる。規模の大きい公共図書館での古い雑誌論文の複写サービスは，一昔前はかなり手間のかかるものだった。資料の所在を確認し，閉架にある場合は請求票を書いてもらってから出納し，出てきた該当号を改めて受付け，複写し，引き渡すという一連のプロセスを経た。今や電子ジャーナルを使って，自宅でコピーを入手できるのである。ICT の導入は，プロセスの変革に大きな力を発揮する。

　サービスの提供やその準備を行う組織をライン組織，それを支える企画・管理部門，具体的には人事，会計，企画，法規，情報管理などの組織をスタッフ組織という。国立国会図書館のような大組織は別として，普通の公共図書館では，スタッフ組織は，総務課や庶務係という形でひとつにまとめられていることが多い。スタッフ組織が担う業務プロセスを，ここでは運営管理プロセスと呼ぶことにしたい。

　ライン組織がきちんと機能するためには，スタッフ組織の支援，具体的には人員，資金，情報等の経営資源の供給が不可欠だ。運営管理プロセスはひとつの統一的な業務プロセスではなく，予算管理，会計処理，物品管理，人事管理等多種多様な業務プロセスの集合体であり，それが各種サービス・事業の実施に合わせて複雑に関係してくる。

　そのように多様な運営管理プロセスであるが，企業や民間非営利組織と大き

く異なる，公立図書館の特徴がある。それは，官庁会計，公務員制度，法令制度など，公的機関に共通する制度的制約であり，公立図書館における運営管理プロセスの改革に大きな影を落としていることは間違いない。別の言い方をすれば，公立図書館で抜本的な運営管理プロセスの改革を行おうとすれば，制度改革に手を出さざるを得ないということだ。

第3節　経営のサイクル

　組織を経営するためには，経営の目的を明確にし，それに基づいた経営戦略の立案と経営資源配分を行い，事業を実施し，その結果を評価することによっ

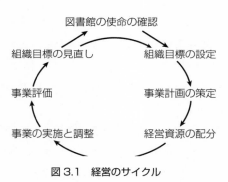

図3.1　経営のサイクル

て，戦略の修正あるいは場合によれば組織目的そのものの見直しも必要になってくる（図3.1）。

　営利・非営利を問わず，組織経営に共通するこうした一連の経営サイクルは，組織全体だけでなく，その各部門についてもあてはまる。図書館でいえば，蔵書構築部門とサービス部門で組織目的は異なる。さらにサービス部門の下位部門であるレファレンスサービス担当と資料提供サービス担当も当然別の組織目的が設定される。このように，ひとつの組織のなかで，組織全体から最末端の組織（ユニット）まで，経営サイクルは構造化され，相互連関している。以下では，公共図書館全体を対象に，経営サイクルを3つの主要な段階に分けて考えてみよう。

1　目的の設定

　まず，組織つまり図書館には目的が必要だ。当たり前のことだが，実はどれだけの図書館職員が，図書館の組織目的は何かと尋ねられて即座に答えられる

かは疑問だ。「資料の貸出」は，その目的を達成するために行う事業・手段の
ひとつであって，図書館自体の目的ではない。日常業務に慣れてしまうと，そ
れを円滑に行うことが目的化し，本来の目的がわからなくなってしまうことが
多い。資料貸出サービスでいえば，知識・情報の提供こそがその目的といえる
だろう。

　住民のニーズと図書館の経営能力を考慮して，「公共的な情報・知識への市
民のアクセスを保障する」や「地域の活字文化創造に寄与する」といった組織
目的を表現したものを図書館の「使命（mission）」と呼ぶ。使命を住民や利用
者に対して明示することは大事だが，それだけでは抽象的でよくわからない。

　そこで，その使命を達成するために必要な重点事業を選定し，その事業目的
に沿った個別具体的な目標（達成手段が明確であり，達成度の評価が可能なもの）を
立てることによって，外部の人にも理解が可能になる。たとえば，高齢者への
図書館サービスを向上させるという事業目的について，朗読 CD や大活字本の
購入を増やす，希望者への宅配サービスを行うなどの目標が設定できるだろう。

2　事業計画

　図書館の使命を果たすためには，それを実現可能にするための事業計画がい
る。新規事業はもちろん，継続事業であっても経営環境は日々変化しているの
で見直しが必要だ。また，図書館はさまざまな事業を行っており，すべてに均
等に取り組むことはできない。優先順位をつけることが不可欠である。

　事業計画案づくりは，通常図書館の部門組織ごとに行われ，館長や幹部のと
ころで最終的にまとめられ，取捨選択・優先順位付けされる。しかしそうした
やり方だけでは，既存の組織を前提とした事業になってしまい，事業プロセス
の改革や新しいニーズに応えたサービス計画が出てこないおそれがある。組織
横断的グループによる検討や館長のリーダーシップは，それを回避するための
方法だ。

　事業計画策定にあたっては，2 つの裏付けが必要だろう。利用者となる人々
のニーズと事業実施に投入できる経営資源である。マーケティングが常識とな

っている企業と比べて，公共図書館を含む非営利組織では，ニーズの把握とそれに基づくセグメンテーション（利用者の特性やニーズの違いによる分類化），ターゲティング（標的とすべき利用者層の選別）などが，きわめて不十分にしか行われてこなかった。これまでそのような発想がなかったといってもよい。しかし限られた図書館経営資源を効果的・効率的に利用するためには，そのような選択と集中の柔軟の使い分けが不可欠である。今後の改善が必要な図書館経営の重要ポイントのひとつである。

　事業計画にはそれを実現させるための具体的な実施方法と必要な要員，資金等の提示が伴っている。図書館の使用できる経営資源と遂行能力には限りがあるので，どの事業にどれだけの経営資源を振り分けるかの判断が重要だ。どれほどニーズがあり，使命の観点からは実施すべき事業でも，財政当局に予算が認められなければ，延期，縮小，断念のいずれかの道しかない。

　必要な経営資源の確保という観点からは，公共図書館は，さまざまな資金調達手段をもつ企業に比べて大きく欠けている部分がある。「限られた経営資源」，たとえば要員や資金は，与えられた役所の予算の枠内でしか確保できないのだろうか？　外部からの調達方法はないだろうか？　新たな視点からの取り組みがこれからは必要になるだろう。

3　実施と評価

　事業計画がまとまり，希望どおりとはいかなくても何とか実施可能な経営資源が配分されたら，次は実施計画である。具体的な方法の決定とスケジュール化，要員・資料等物品・費用の割り振りを行う。それぞれの事業ごとに担当責任者が必要だ。

　計画どおり何の問題もなく遂行される新規事業は，ほとんどないと思っていい。すべての変動要因を考慮して計画をつくることは不可能だからだ。予想外の事態は起こるものである。問題はそのときの対処の仕方だ。たいていの場合は多少の計画変更や追加の資源投入で乗り切れる。また，当初の達成目標を低く設定しなおすこと（逆に予想外にうまくいって高く変更すること）もあるだろう。

場合によっては，中止の判断も必要だ。いずれにせよ，事業の実施にあたっては，柔軟な調整機能を担当責任者や館長が果たさなければならない。

　実施後の成果をどう評価するか，その評価に基づいてその後の事業計画や経営方針をどう修正していくか，経営サイクルを機能させるための重要ポイントだ。ところが，これまで図書館では，本来の意味での事業評価はほとんど行われてこなかった。それは図書館に限ったことではなく，行政機関や公的施設全般にあてはまることだった。しかしこの点では，近年変化が生じている。省庁や自治体における政策評価・事業評価，第三者評価などが広く導入され始めている。

　しかしこうした評価の実態について，評価活動それ自体が目的化し，評価をしてしまえばそれで終わり，その後の事業見直しや使命の再設定に実際に結びついているのか，という疑問があがっている。何より，企業の業績評価に比べて，行政や公的施設のパフォーマンス評価には，評価基準の設定など多くの難しい要因がからんでおり，公共図書館の実効性のある評価方法の確立もこれからの課題である。貸出冊数が前年度より 10 パーセント増加したからといって，他のサービスの水準が低下したり，投入資源の効率が低下したりしたとすれば，手放しで喜べるわけではない。

　考えてみよう・調べてみよう
1. ICT の導入で，根本的に改善できそうな図書館サービスにはどのようなことがあるか，考えてみよう。
2. 図書館の使命をきちんと住民にわかる形で提示している日本の公共図書館の事例を探してみよう。

　読書案内
齊藤毅憲『新経営学の構図』学文社，2011 年
妹尾大ほか『知識経営実践論』白桃書房，2001 年
ハマー，M.＆チャンピー，J.（野中郁次郎監訳）『リエンジニアリング革命：企業を根本から変える業務革新』日本経済新聞社，2002 年（日経ビジネス人文庫）
柳与志夫『知識の経営と図書館』勁草書房，2009 年

人的資源と組織編成

　日本の図書館では，海外の主要国のような図書館の専門職制度は確立していない。それには，司書資格，雇用関係，職種の3つの側面で問題があることが関係している。これからの専門職としての司書には，専門知識に加えて，経営能力やファシリテーターとしての素養が必要である。非常勤職員の増加や委託の拡大によって，図書館の人的構成も複雑になり，館長の組織運営の手腕が問われる状況になっている。

第1節　図書館の人的資源

1　図書館職員の実態

　日本の公共図書館職員の実態は複雑だ。異なる次元の問題が相互に関連してからみ合っているからだ。ここでは，司書資格，雇用関係，職種，の3つの問題を例にとって考えてみよう。

　一般に社会では，図書館で働いている人はすべて司書だと思われがちである。というよりも，図書館で働いている人を司書と呼んでいる，という理解だろうか。しかし実際の図書館職員には，司書資格をもっている人ももっていない人もいる。各自治体の図書館をみると，ほとんど全員が司書有資格者の図書館もあれば，正職員には有資格者が一人もいないという場合もある。図書館間の差が大きいため，全国平均はあまり意味がないかもしれない。各自治体の図書館運営方針の反映といってよい。紛らわしいのは，図書館で予算や施設管理を担当し

表 4.1　図書館職員数の変化

	職員数（全体）	（専任）	（非常勤）	（指定管理者）
平成 27 年度	39,828 人	11,484 人	19,511 人	6,673 人
令和 3 年度	41,690 人	10,550 人	21,088 人	10,052 人

（出所）文部科学省平成 27 年度・令和 3 年度社会教育調査報告をもとに作成

ている事務職系の人が無資格者ばかりとはかぎらず，逆に図書館サービスを担当しているからといって必ずしも司書資格をもっているわけではないことだ。

　さらにこの問題を複雑にさせているのが，雇用関係の複雑化である。近年の公務員定員削減や経費節減，行政サービス拡大その他の理由で，公共図書館のなかには，地方公務員である常勤職員・再雇用職員等に加えて，非常勤職員（公務員の扱い）や委託事業者の職員が増加している（表 4.1）。しかも専任職員と非常勤職員・委託職員の違いが司書資格保有率に必ずしも対応しておらず，非常勤職員全員が有資格者，専任職員は誰も司書資格をもっていないという図書館の例もある。近年増加している指定管理者制度を導入している図書館では，指定管理者となる民間企業や NPO について，館長を含む職員の大部分が司書資格を持っていて，直営でやっていた時よりも司書率が上がることも珍しくない。

　このように，全国の図書館職員数が毎年増加していると言っても，手放しで喜べる状況ではない。むしろ，専任職員が減り続けていることが，将来の図書館発展の足かせになる可能性は否定できない。

　さらに職種が明確になっていないことも問題だ。これは公共図書館にかぎらず，日本の公務員労働全般にいえることだが，正規職員の場合，頻繁な人事異動があり，職員はどのようなポストについても，そこの仕事がある程度こなせなければならない。そのことは，組織のなかで職種が特定化され，それに必要な知識や技能が高度で特殊になるのは望ましくないことを意味している。日本の公共図書館の現状では，本来異なる知識と経験を必要とする蔵書構築やレファレンス・サービスも，同じ図書館業務の一環として扱われ，異なる技能や経験がそれぞれの職員に求められることはほとんどない。

2　司書の現状と問題点

　あらゆる組織には，それを支える人的資源が必要であり，その中心となるのは，その分野の専門職だ。そして，図書館の専門家は司書である，といわれる。

　司書は，図書館法で定められた図書館の専門的職員とされ，大学等で所定の科目を履修することによって得ることができる国家資格である（同法第4条及び5条）。図書館経営の責任と業務遂行の実質的中心を専門職に委ね，専門職が職務に専念できるよう制度的に保障することを，図書館の司書職制度と呼ぶ。日本の図書館界は，この司書職制度の確立をめざして長年努力してきたが，現在までのところ社会的・行政的に受け入れられているとはいいがたい。

　その理由として，ここではとくに3点あげてみたい。

　第1に，海外先進国の事例をみると，資格付与の主体が国ではなく，専門職団体の場合が多いことだ。資格付与にとどまらず，教育制度等専門職制度維持における専門職団体の存在感は日本の場合に比べてはるかに大きい。

　第2点は，司書の労働市場の問題だ。医師や準専門職といわれる看護師の場合を考えればわかるように，医療専門職は資格がありさえすれば，どこの病院でも勤めることができる。日本では司書である前に，自治体の公務員としての終身雇用を前提としている。これは専門職としての専門性を評価されて，日本全国どこにでも職を求めることができることと矛盾している。

　第3の，最大の問題は，日本の司書資格が専門職としての知識やスキルを保障していないということだろう。海外の司書資格付与は主に大学院レベルの教育を受けることが前提で，日本のように，大学の司書過程で単位をとれば資格が得られるようなものではない。医師や弁護士を引くまでもなく，看護師と比べても資格獲得のために必要な知識量や技能のハードルが低すぎるということだ。

　さらに，日本の図書館界で司書職制度確立の努力が実を結ばなかった理由には，求めている制度のあり方（制度設計）自体にも問題があった。それには大きく2つの問題がある。ひとつは，司書を専門職とした場合の職階制の制定であり，もうひとつは，専門職以外の職務の明確化・分離である。

レファレンス・サービスひとつをとっても，日常的なサービスを担当する司書と，その指導を行い，レファレンス回答のチェックや新しい情報提供サービスの企画調整を担当する司書では，求められる経験・知識と責任・権限はまったく異なっている。しかし一般行政職として司書を遇する場合，その違いは通常の職階制である一般職員，主任，係長，課長等を適用する以外にはない。そのような一般行政職のラインに求められる要件と，専門職である職階に求められる要件には違いがある。

　図書館も役所の組織のひとつなので，課や係の設置は必要であり，その長である係長や課長も存在する。しかし，専門職としての知識，経験，技能，人柄等を評価する独自の職階制（例えば，司書，主任司書，司書監のような職階）がそれと並立して存在しなければ，司書職制度は成り立たない。司書職制度確立を唱える論者には，こうした専門職としての職階制導入の必要性について言及する人もいたが，多くは司書一般の専門職化に課題を限定しがちだった。

　もうひとつの問題は，病院や研究機関，専門サービス機関を思い浮かべてみればわかるように，専門職（専門家）が中心となる職場では，それを支える多様な職種の準専門職や非専門家の存在が不可欠であり，それぞれの任務分担があることだ。ところが，日本の図書館界では，専門職，補助職，事務職等による図書館業務の職務内容・職務権限の分担を明確にせず，図書館には司書が必要である，と一括りにしがちだった。資料の貸出・返却を貸出カウンターで実際に行う作業は，専門的図書館サービスの観点からは補助的業務であり，専門職の業務ではない。これはアジアを含め世界の図書館界では常識だが，日本では長年，そのようなカウンター業務にこそ司書の専門性があるという主張が保持されてきた。これでは社会的に司書が専門職として認められることは無理だろう。

第2節　知識専門職としての司書：人的資源の活用策

　専門職としての司書が，これからの図書館の人的資源の中心として活躍するために必要な知識や技能のあり方を，3つの方向性で考えてみたい。

まず確認したいのは，図書館サービスの基本とされている貸出サービスは，専門職固有の仕事ではないことだ。それが図書館にとって重要なサービスであることは確かだが，だからといって専門職が行わなければならない仕事ではない。海外では補助職や臨時職が主に担っている。では，司書はレファレンス・サービスや選書を行なっていればいいのだろうか。そうではない。いまや，そのような司書「一般」ではサービスを支えられない状況になっている。

1　専門知識

　2006年に文部科学省が発表した『これからの図書館像—地域を支える情報拠点をめざして—』で示されているのは，利用者層や利用目的を明確にして，そのニーズに合致した専門情報の提供や情報源へのガイダンス機能を重視するサービスだ。具体的には，ビジネス支援，行政支援，学校支援，地域コミュニティ・市民活動支援などのような，資料と情報の提供，調査，相談，情報技術支援，施設提供等を包括した支援サービスと，医療・法律・福祉・資産管理など生活の必要に基づく特定情報の提供サービスが中心となる。

　こうしたサービスを提供するためには，経済や行政，法律などの専門分野について，大学院レベルの学術知識や専門家のもっている実践的・経験的知識を不断に学ぶことが司書にとって不可欠となっている。あわせて，ビジネス界や行政各部門，各種専門職団体等との日常的な接触を保つことによって，そうした組織や専門家からの支援を受ける体制づくりも欠かせない。また，図書館固有の知識についても，高齢者サービス，文化事業サービスなどの個別専門分野をもつことは専門職としての前提だろう。

　図書館運営を経験だけに頼ることは危険だ。そこに図書館経営論を学ぶ意義がある。同じように，それぞれの図書館業務についても，理論的な裏づけを意識して実務に携わる必要がある。他館の事例分析や最新のサービス理論，新しい技術・方法などを学ぶことによって，担当業務をルーティン化せず，常に問題点を見直し，サービスを改善・発展させていくことこそ専門職の任務だからである。そして，その理論的支えが，図書館経営論を含む図書館情報学だ。

図書館情報学は，本質的には「知識・情報」を対象としてきたと考えて間違いないが，図書館や本といった物理的形態（あるいはその背後にある文化的制度）に制約されていたことも確かである。しかしそうした制約も技術的発展によって取り払われだしている。その象徴が電子図書館だ。

　電子図書館では，図書館という建物も，本という物質的支えもなしに，情報を蓄積し，流通し，利用することができる。図書館という建物，そして図書館を成り立たせる社会的制度という「場」における知識や情報を考察対象としてきた図書館情報学であるが，いったんその制約を取り除いて，より広い文脈で知識・情報の生産から蓄積・利用までのしくみとあり方を考える，知識科学への脱皮が今や求められている。もちろん，知識・情報を考察の対象としてきたのは，図書館情報学だけではない。情報科学，知識社会学，言語社会学，哲学などさまざまな分野から探求されてきた。それらの成果を統合した，新たな知識科学の創造は，今後の図書館サービスの発展に不可欠になってくるだろう。そのとき司書は，知識専門職としての役割を果たすことが期待される。

2　経営能力

　司書の一般的なイメージはどのようなものだろう。一昔前の映画を思い浮かべると，地味な事務服，暗い顔をして，髪はぼさぼさ，ちょっと意地悪でいじけた性格，なにより象徴的なのはとても度の強い眼鏡をしていること，だろうか。こうしたステレオタイプ化したイメージも，最近の欧米の映画・ドラマではずいぶん変わってきた。相変わらずとても風変わりな人物も出てくるが（そして実際にそういう司書がいそうだが），一方で，明るく好意的で，ハンサムな男女が演じることも珍しくなくなった。しかしそれでも，「経営能力抜群の司書」となると，最もイメージから遠い感じがするかもしれない。

　図書館あるいは出版をめぐる環境が安定していた時代は，司書の仕事も安定していた。研究者や利用者の黒子に徹して，決められた仕事を，決められた勤務時間内に，きちんと過不足なく処理するのが望ましい司書だった。図書館経営はもっぱら図書館長の仕事であり，それ以上に，図書館を経営するという自

覚をもった図書館長の方が少なかったかもしれない。

　しかし，出版・メディア環境あるいはその背景となる社会・経済状況の変化は，図書館に大きな変革を求めることになった。資料収集ひとつをとっても，これまでの雑誌に代えて電子ジャーナルを導入することにした場合，その利用条件の設定やシステム環境づくり，出版社との契約交渉など，経営的手腕が要求される。貸出カウンター業務を民間委託するためには，仕様書をつくり，入札を行い，契約締結の後，作成したマニュアルに沿った業務運営が行われるように指導・監督が必要となる。

　このように，図書館経営は，図書館長や一握りの幹部が行うものではなく，それぞれの責任と権限に応じて，図書館のあらゆる部門・担当で必要な手法となり，能力となっている。経営理論は，いまや司書にとって不可欠な素養である。

3　ファシリテイターの役割

　従来の公共図書館が利用者に提供できる資源は，図書館がもっている資料や建物，館員である司書の知識に限られていた。たとえば，図書館システムといっても，情報の中身は所蔵資料の目録情報が中心だった。それが大きく変わってきた。情報システムについては，自館で作成・保持している情報の多寡ではなく，外の情報資源にどれだけアクセスできるかできないか，が焦点になっている。

　この内と外の情報資源利用の関係の変化は，情報システムにかぎらず，図書館のあらゆる局面で起こっている。たとえばレファレンス・サービスを考えてみよう。

　ちょっと昔の図書館では，レファレンスに応えるためのトゥールは，所蔵資料と担当司書の知識・経験が中心だった。いまではインターネットなどの情報資源に頼ることが多くなっている。さらにレフェラル・サービスのように他の専門情報機関等を紹介することもあった。しかし，ビジネス等各種支援サービスについて，実質的な情報・知識の提供を行なっていくためには，司書自身がその分野の知識を深めることも必要だが，各分野の専門機関・専門家との日常

的な協力・信頼関係を築くことが不可欠だ。

　これまでの公共図書館では，利用者を一方的なサービス対象者としてだけ見てきた。しかし実際には，利用者のなかにはさまざまな分野の専門家がいるはずだ。そうした図書館内外の専門家を図書館が仲介することはできないだろうか。

　場所の問題でも同じことがいえる。従来は，図書館という建物のなかでのサービス，あるいはアウトリーチ・サービスといっても，図書館を中心に考えられたサービスだった。しかし地域の情報拠点としての公共図書館を考えるなら，情報資源を持ち出し，職員が地域に出向いて，地域の人と協同したまちづくりに貢献することを考えてよい。

　このような，図書館と地域内の住民団体や教育・文化機関，専門家と利用者，利用者同士などの間で情報交換や知識創造を行えるようにするための仲介役，それがコミュニティ・ファシリテイターである。それは司書が担ってもいいし，それ以外の専門家が担うことも可能であるが，公共図書館という地域の情報資源が集まる公共の場で実現することにこそ意義があるのではないだろうか。

第3節　図書館の組織

1　行政組織としての図書館

　現在の日本では，公共図書館の大部分は，公立図書館として地方自治体が設置・運営している。「図書館」という言葉は，建物とそこで行われているサービス・機能もさすが，なによりそれを運営する組織を示す。「公立」である以上，自治体の組織の一部ということになる。

　図書館組織が一般の行政組織と異なるのは，戸籍課や防災課は所管する施設をもつ場合があるとしても，行政組織とそれが運営する施設は別のものとして考えられるのに対して，図書館組織＝図書館施設とみなされがちなことだ。しかし，公立学校＝教育行政部門，高齢者センター＝福祉行政部門ではないように，図書館＝図書館行政部門ではない。図書館は，地方自治法上は，住

民の福祉を増進する目的をもってその利用に供する「公の施設」として位置づけられている（第244条）。したがって，理論的には，図書館活動を担当する組織と図書館行政を担当する組織は別のものである。現実には，日本では図書館，とくに中央館がある場合は，そこで実質的に図書館行政を担っていることが多いが，異なる概念であることは理解しておきたい。近年，国で導入が進んでいる独立行政法人は，行政の企画部門と執行部門の曖昧な関係を，明確に分離するひとつの方法と考えられている。

　公立学校と公立図書館は，教育基本法に基づいて，同じ地方自治体が設置する施設であるが，何か大きな違いはあるのだろうか。学校教育法に基づく施設か，社会教育法および図書館法に基づく公の施設のひとつか，という違いはもちろんある。そこから派生することなのだが，公立学校は，学校教育法に基づかないかぎり，「学校」と呼ぶことができないのに対して（学校教育法第83条の2「名称の専用」），図書館法に基づかなくても市立図書館という名称は使える，という違いは重要だ。つまり，現存するほとんどの公立図書館は，図書館法に基づき，教育委員会のもとにおかれる組織となっているが，著作権法上の例外措置規定からはずれるなどの問題を無視すれば，首長部局のもとに図書館法の適用を受けない公立図書館を設置することも可能である。

　教育委員会に図書館が置かれる場合，自治体の組織全体の規模にもよるが，文化・生涯学習・スポーツなどを担当する生涯学習課または社会教育課（名称は自治体によってさまざまである）に所属することが大半だと思われる。その場合，本来の趣旨からすれば，生涯学習の振興，地域文化の発展などの観点から，図書館，博物館・美術館，公民館，その他の生涯学習施設と文化・スポーツ施設との間で連携がはかられるべきだろうが，各施設でそれぞれの目的と利用者を対象とする個別の事業を行なっているのが現状だ。とはいえ，いくつかの自治体では，図書館と美術館が協同して子ども向けのイベントを開催するなどの例が出てきていることも事実である。

　また，同じ教育委員会に属しながら，図書館と学校との連携も従来はほとんどなされてこなかった。しかし，子どもの読書活動推進という観点から，図書

館による学校図書館支援の動きも活発になりつつあり，今後の展開が期待される。

2　図書館の内部組織

　図書館の業務・サービスを効果的・効率的に遂行するためには，業務プロセスや事業，職務権限等に応じた内部組織の編成を行う必要がある。とはいっても，公共図書館の場合，分館を含めると職員数100人を超える指定都市立図書館から，2，3人の職員とアルバイト職員ですべての仕事をこなす町村の図書館まで，職員数の幅は大きい。後者の場合，内部組織の編成といっても意味をなさないが，業務プロセス，各事業，職務権限に関して，それぞれの内容について明確な区別を行っておくこと自体は必要だ。

　ここでは，中央館といくつかの地区館（分館等名称はさまざまだが，以下地区館で統一）から成り，中央館の職員数（非常勤職員を含む）が2，30名程度の図書館を念頭において組織を考えてみたい（図4.1）。

　まず中央館と地区館との関係だ。地区館にどのような機能を担わせるかということに関係してくるので，一概にいえない部分もあるが，中央図書館長に地区館長への指揮命令権が与えられるべき点は明白だ。これを役職上明確にするため，中央図書館長を課長職，地区館長を係長職としている自治体もある。図書館設置条例のなかでも，中央館と地区館の関係は明確にしておくことが望ましい。

　中央館の組織は，第3章で言及した業務プロセスに対応した組織にすることが望ましいが，図書館のような小規模組織では難しい。一般に採用されている編成は，庶務系と司書系に大きく分け，司書系のなかをサービス別（例：児童サービスとレファレンス・サービス），資料別（例：図書と視聴覚資料），館内と館外（例：閲覧と学校支援）などいくつかの区分原理で分け，それを組み合わせるというかたちだろうか。

　サービス別などの単一の組織区分で

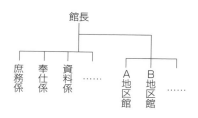

図4.1　従来の公共図書館組織の一例

全体を編成した後に，必要なら別の組織区分を重ねて適用していくことが望ましいが，少人数で各種業務を担う必要があるため，複数の区分原理を最初から適用し，結果として1人で児童サービスと視聴覚資料の収集整理，学校支援サービスを担うというかたちにならざるをえないことは多い。むしろ，マトリックス組織として，積極的に複数の組織に属させる方法もある（表 4.2）。

　図書館の内部組織としては，一般行政組織と同様に係制をしくこともあるが，係間の固定化を招くこともあり，より柔軟なグループ制で運用している図書館も多いと思われる。

　一般に，組織にはライン組織とスタッフ組織がある。組織目標達成のための業務・事業を担う実行部隊がラインであり，そのライン組織を支えるための人事，財務，調達，企画などを担当するのがスタッフ組織だ。図書館では庶務・総務係と司書系業務部門の一部がスタッフにあたり，図書館業務とサービスを担っている司書系各グループがラインにあたる。

　スタッフ組織は，ラインが十分に機能を発揮できるように効果的に経営資源を提供していくことが任務なので，その存在がライン組織のあり方を左右するほど目立つことは望ましくない。しかし，図書館については，サービス現場の活動に経営全体の関心が傾きがちなことを考えると，もう少しスタッフ組織の役割に注目してもいいだろう。

　職制にもラインとスタッフの違いがある。典型的なラインは，課長–係長–係員だ。一方，スタッフ職制は，地方自治体ごとに呼称が違うので一律にいうことはできないが，図書館を例にとれば，（現実にあるかどうかは別として）課長相当職の主任司書や係長相当職の主査を置いて，ライン職制を補佐する専門的事項や特命事項を担当させる場合にあたる。スタッフ職の職

表 4.2　図書館のマトリックス組織の一例

担当グループ 分野	閲覧・ 貸出	児童 サービス	図書館 協力	レファレンス サービス	支援 サービス
図書	A○*	D		H*	
雑誌	B○		F*		K*
視聴覚			G		L○
地域	C			I○	
児童書		E○*		J	

(注) A〜Lは担当職員，右肩の○は資料各グループの長，＊がサービスグループの長

務範囲と権限を明確にしておかないとライン職業務の妨げになることもありうるが，うまく機能すれば，日常業務やその場の対応に追われがちなライン職を，別の観点も交えてスタッフ職が支えることが可能だ。

　ラインであれ，スタッフであれ，共通しているのは，意思決定の仕方を明確に定めることだ。図書館業務は，集団で話し合いながら行うことが多く，みんなでなんとなく事実上決めてしまった，ということになりがちである。しかしそれでは，決定が最良のものだったか否かの理由も明確にできないし，仮に間違っていた場合，誰がどのようにそれを修正できるのかも曖昧になってしまう。いつ，誰が決めたかを明確にすることは，組織運営の最重要事項といってよい。

3　組織の活性化とアウトソーシング

　組織が固定化してくると，仕事のマンネリ化，保守化，士気の低下などの現象が起こりがちだ。新規事業に対する取り組みがおっくうになり，新しい提案について，それをどう改善すればより良い成果を生むかを論議するよりも，欠点探しや実施できない理由を並べるようになってしまう。

　それを防ぐためには，組織の再編，人事異動，外部との交流，特別チーム編成の4つの方法がある。

　第1の組織の再編は，職員間の担当職務変更も含めて考えてよい。たとえば，サービス内容別にグループ編成をしていたものを，サービス対象者別あるいは情報資源別を第一に考えた編成にしてみることだ。全面的にやればやるほど組織全体の活性化につながる可能性があるが，一方で，業務の混乱と士気の低下を逆に招いてしまう場合もある。実施のタイミングや規模に配慮し，改編による効果とマイナス面を計りにかける必要がある。

　人事異動は，あらゆる組織で行われる一般的手法だ。組織内部で行うもの（例：図書館内部の係間異動）と組織間で行うもの（例：図書館と戸籍課での交換）がある。とくに行政組織では，通常数年で庁内のさまざまな部署を異動していくのが慣わしになっている。難しい問題は，そのことと司書としての専門性の維持・発展が両立しないことだ。したがって司書職による図書館運営を行なって

いる自治体では，図書館内部での異動がそのほとんどを占めている。その結果，長年にわたり同じメンバーで仕事をすることになるので，マンネリ化を防ぐための別の方策が求められる。

　外部との交流は，他の自治体の司書を職員として受け入れるなどの制度的なものから，専門研究者や外部関連機関の職員を含めた臨時検討会を設置するなどの運用面まで，いろいろな工夫が考えられる。

　最後に，当該図書館で課題となっている特定テーマを選び，期間限定で，所属係（グループ）を横断して選んだ意欲ある職員による特別チームを編成する方法がある。特別チームによる先進的な取り組みを行うことで，他の職員への刺激を与えることがねらいだ。その場合，管理者（図書館長等）がそのチーム運営に積極的に関与することが前提条件となる。

　欧米あるいはアジア主要各国の図書館は，一般に司書職制をとっていて，内部の人事配置は，専門職を中心に，補助専門職，事務職その他の職員をどう組み合わせるかの問題が中心となっている。日本の公共図書館の難しさは，そのような図書館がある一方で，司書資格をもった職員もいるが，行政職一般の人事異動で配属される職員がかなりの割合でいる（場合によっては，ほとんどすべて）図書館も少なくないことだ。さらに複雑なのは，他の部署から異動してきたときには図書館にはなんの関心もなかった（あるいは左遷させられたという意識をもった）職員が，司書業務に目覚め？て，業務の改善や新規事業の開拓に大活躍したという事例も稀ではないことだ。一方で，他の部門では使えないが，図書館カウンターでバーコードをなぞるぐらいなら大丈夫だろうと判断して配属される場合も少なくないのが日本の実情である。

　国，地方を問わず，公務員の定数削減は基本方針となっている。はたしてそれが適切なことか否かは別として，各地方自治体でも年度計画を立てて，退職者不補充や民間委託の拡大による職員削減を進めているのが現状だ。その場合，税務や都市計画など行政権限にかかわる部門は手をつけられないため，清掃，学校給食などの現業職や住民の福祉を目的とする「公の施設」が，最初の人員削減や委託の対象となりやすい。図書館もその例外ではない。

その一方で、住民の図書館サービスへのニーズは強く、全国で新図書館の建設が進んでいる。全国の公共図書館数は増え続け、当然そのための要員が必要だ。それを埋めているのが、非常勤職員の増加と業務委託の拡大であり、それが組織管理上のさまざまな問題を生じさせている。

医療職等は別として、自治体における非常勤職員は「事務補助員」という位置づけがこれまでは一般的だった。あくまで常勤職員が仕事の中心で、その指示を受け、事務を補佐するという考え方だ。しかし、たとえば司書職制のない自治体の図書館では、常勤職員の削減を司書有資格者の非常勤職員で埋めていった結果、司書資格をもたない、しかも数年で異動してしまう少数の常勤職員と、長年勤めている司書資格をもった比較的多数の非常勤職員という組み合わせが生まれてしまった。指導されるほうが指導する側よりも仕事に詳しい、という逆転現象だ。そして、このような現象は、業務委託に関連しても起きている。

業務委託は、自治体と委託先の契約によるものなので、図書館に派遣されるのは委託先の職員である。したがって、自治体の職員は、委託職員に対して個別に指示する権限はない。業務内容の改善などの要望は、委託会社に対して伝えなければならない。

このように雇用関係や労働条件が異なる職員を、図書館組織全体としてまとめていくことが、館長をはじめとする図書館管理者の大きな課題となっている。

考えてみよう・調べてみよう

1. 英国や米国など海外の司書制度はどうなっているのだろうか。
2. 図書館の仕事を分類して、どのような種類の専門家が必要か考えてみよう。とくにこれからの電子書籍時代に対応して、どのような技能・知識が図書館員に求められるだろうか。

読書案内

日本図書館情報学会研究委員会編『図書館情報専門職のあり方とその養成』勉誠出版、2006 年

森智彦『司書・司書教諭になるには』ペリカン社、2002 年（なるには books）

山中俊之『公務員の人材流動化がこの国を劇的に変える：奇跡を起こす「5 つの急所」』東洋経済新報社、2009 年

第5章

物品の調達・管理

❏本章の要点

　図書館には資料に加えて多くの物品・設備があり，それを効果的に調達し，最大限活用する必要がある。また，近年は委託業務など，モノではなくサービスを調達する必要性も増しており，契約事務など複雑さを増している。調達した物品の保管・保存は，コスト面を含めて，経営的観点から考えなければならない。

第1節　図書館に必要なモノ

　図書館に置いてある代表的なモノといえば，本や雑誌だ。しかしそれ以外にも CD や DVD などいろいろな資料がある。本を並べておく書架も必要だし，情報検索するためには情報機器も欠かせない。100%電子図書館は別として，これからも当分の間，公共図書館のサービスはこうした物理的形態をもったモノに依存し，場合によっては大きな制約を受けざるをえない。それらの物品としての特性を把握し，うまく管理・活用することが，図書館サービス向上の基盤となる。

1　図書館資料

(1) 紙の資料

　紙を使った資料は本と雑誌だけではない。地図，パンフレット，文書，楽譜，浮世絵などさまざまだ。地域資料として，各種チラシや手紙を集めている

図書館もある。本の形態をした資料と，それ以外のパンフレットなどの紙資料は，扱いやすさの点で大きな違いがある。本形態でない資料は，それを管理・利用するために特別な収納用具やファイルケースを必要とする。また，本のように背文字を見れば資料がわかる，ということがないので，データ整備以外に，資料自体を物理的に収納場所から効率的に取り出す工夫もしなければならない。本のような中身を守る表紙がついていることは少ないので，汚損・劣化の危険度は高い。要するに，一般図書に比べて，その管理には労力と費用が相当かかるということだ。図書と雑誌も管理的側面は大きく異なる。その入手から保管・利用まで，ほぼ最初の形態のままで長期的に利用できる図書に比べて，雑誌の長期利用を保障するためには，製本が不可欠である。合冊する場合は，そのデータ管理も必要になってくる。

このような理由から，図書館の現場では図書以外の資料を扱うことを好まない傾向があることは否定できない。しかし，公共図書館の使命が，本を貸すことではなく（それは手段のひとつにすぎない），住民等が必要とする情報と知識を提供し，地域の文化を守りかつ振興することにあるとすれば，図書以外の資料の入手は今後ますます重要になってくる。それらを例外扱いせず，取り扱うルールを定めておく必要がある。

なお，紙資料共通の特徴として，その重さがある。紙は思った以上に重い。これは物流や保管を考えるとき，忘れてはならない要素だ。

(2) その他のメディア資料

図書館といえば本，の時代が終わったのか，それともむしろ，本の文化を守ることが図書館の使命なのか，これからの図書館のあり方と本質を考えるうえでおもしろい問題だが，本や雑誌などの紙媒体以外の資料が，図書館コレクションで大きな比重を占めつつあることは事実である。そもそも，古代の図書館にあったのは，竹簡，粘土板，羊皮紙など紙以外の媒体であり，図書館はその時々で情報と知識のための最新の記録媒体を蓄積してきた。いまや電子データの収集・保存が図書館の大事な課題になっていることは当然の成り行きといえるだろう。現在，公共図書館で一般的な資料としては，CD と DVD（ビデオ）

がある。それに，形のないモノとしてコンピュータを通じて提供される電子情報もある。

こうした資料の管理上の特徴は 4 つある。

第 1 は，パッケージ系の場合，物理的形態が規格化されていることだ。この点は管理上都合がよい。資料収集・保管のコスト的側面は，これまで公共図書館ではあまり関心が払われてこなかったが，実は大きな費用負担が生じている。CD や DVD は，スペースの効率的利用という点では本に勝っている。

第 2 の特徴は，逆にコストが本よりもかかってしまう部分，つまり再生機器，その設置スペース，電気代等の維持管理費など，資料以外の負担がかなり必要なことだ。

第 3 に，形態や規格が全面的に変わってしまう問題がある。映画というコンテンツを考えても，16 ミリフィルム，ビデオ，DVD，blue-ray と変わってきている。昔集めた 16 ミリフィルムやレコードをどうするか，各地の公共図書館では悩みの種だろう。

第 4 点として，法規管理上の面倒がある。たとえば DVD の著作権処理や，オンライン・データベースなら契約条件の設定など，本を買うようには簡単にいかない。

2　書架などの備品

図書館には資料以外にも，書架やブックトラックなど図書館独自の物品がたくさんある。また，直接図書館サービスに使われるわけではないが，一般の事務用品も必要だ。それらが効率的・効果的に供給・配置されることが，図書館サービスの最大化と図書館経営の効率化につながる。

通常こうした物品は，備品と消耗品に分けられ，調達方式や物品管理方式も異なる。図書館サービスは，図書館という施設内で行う装置産業的な側面が大きい。その分，必要な備品も大量だ。そのなかの代表的なものとしては，書架（本棚），利用者用の机と椅子，パソコンがある。

書架は，開架と閉架，同じ開架でも一般書架，大型本，雑誌，展示用など用

途の違いによって，その大きさ，素材，形態を選び分けたうえで，統一感もなければならない。なにより，利用者の利用目的や使いやすさへの配慮が優先するが，難しいのは，書架は図書館職員が作業するための場であり，サービスの道具でもある点だ。その点への配慮が足りないと，管理運用面での非効率を生じてしまう。その点では，閲覧用の机や椅子は利用者最優先で考えればよいので，選択の基準は明確だ。

最近，ブックカフェなど，居心地のよさと本の楽しみをセットにしたサービスに注目が集まるようになった。その意味で，公共図書館の閲覧用備品についても，単に機能面を充足させるだけでなく，デザイン性や利用目的の多様性，プライバシーの尊重など，楽しさとやすらぎ，安心感の提供をもっと重視する必要がある。

パソコンは，OPAC の導入や近年のインターネット情報の利用サービスによって，公共図書館では一般的な備品として配置台数も年々増加している。今後，電子書籍用の読書端末の整備も必要になってくるだろう。しかし，不具合の発生や利用者による目的外使用など，維持管理上の問題も多く，管理コストもかなりかかっていることを経営的に認識しておく必要がある。

図書館の備品に共通する大きな問題点としては，官庁会計では減価償却の概念がないため，財産管理上の扱いや実際の運営上いつ買い換えるかなどについて，基準のないことがある。

第 2 節　物品の調達

図書館で必要とするモノの大半は，図書館のなかでは生産できない。したがって，外部から入手しなければならない。それが物品の調達である。いつ，誰（どこ）から，どのような方式で，どれだけの費用で調達するかを決めることは，図書館経営にとって重大なことだ。その前に，本当にそれが必要なものか否か，なぜそれが必要なのか，入手後どのように使っていくつもりか，を明確にしておくことは大前提である。

表 5.1　総合評価入札における評価方式の例

平成 18 年度　大阪府府民センター 3 施設の総合建物管理業務委託にかかる総合評価一般競争入札に関する評価項目，評価点及び評価内容（抄）

評価項目		評価点		評価内容
1 価格評価		50		価格を評価，低入札価格調査基準価格以下の金額で入札を行った者の価格評価点は一律最高点（50 点）
2 技術的評価	(1) 研修体制	14	4	技術力向上のための研修制度等の設置，①前年度の研修実績（2 点）と②契約期間中の研修計画の内容（2 点）
	(2) 履行体制		4	適正な履行を確保するための仕事に対応した作業計画表等の確認，①適正な履行を確保するための仕様に対応した作業計画表の確認（2 点），②作業員配置計画等（1 点），③業務実施体制等の整備状況（1 点）
	(3) 品質保証への取り組み		6	①苦情処理体制（2 点）については ISO9001 の取得（2 点）②自主検査体制（4 点）
3 公共性（施策）評価	(1) 就労困難者の雇用に関する取り組み	36	15	①就労困難者の新規雇用予定者数：障害者・母子家庭・ホームレスに関する支援センターからの紹介者である就職困難者の新規雇用 2 人以上（15 点）と，②就職困難者の雇用実績（5 点）の組合せ
	(2) 障害者の雇用に関する取り組み		8	①知的障害者の雇用：(a) 知的障害者 1 人雇用で 4 点，なしの場合 0 点，(b) 支援体制の提案の有無及び内容（2 点）と今後の取組みの提案の有無及び内容（2 点）
			7	②障害者の雇用率：法定率である 1.8％達成で 7 点，なしは 0 点
	(3) 環境問題への取組み		6	①環境への取組み：ISO 取得者が 6 点，申請中の者が 5 点，エコアクション 21 の取得者が 5 点，申請中の者 4 点，KES ステップ 2 取得者が 5 点等，エコステージ（レベル 5）取得者が 5 点等。②再生品の使用：2 品目以上利用が 2 点，1 品目が 1 点③低公害車の導入：グリーン配送適合車での当該業務にかかる資機材の搬入は 2 点，低公害車の導入率 5 ポイント以上で 1 点

（出所）武藤博巳『自治体の入札改革』イマジン出版，2006 年，p.68

　入手しようとするものが，資料なのか閲覧机なのか，パソコンか本のラベルか，で具体的な入手作業は異なるが，共通する要因について簡単に考えてみよう。

　まずどこから入手するかの問題がある。製造元が 1 カ所に限られるような特殊な機器は別として，普通のモノは，理論的にはどこからでも入手できるはずだ。したがって入手先を，ある判断基準に従って選択する必要がある。この基準は，役所全体の基準が大前提だが，各図書館の事情によって異なる，まさに経営判断だ。重要なのは，入手の目的とそれに沿った判断基準を明確にしてお

くことだ。

　いつ，どの程度の頻度で調達を行うかについても，事務の効率化とサービスの最大化との兼ね合いを考えた判断が必要だ。また，入手後は，現品検収と受け入れ手続きがあり，情報機器類は不具合のあることも珍しくないので，油断できない。

　調達コストは，一般的にはなるべく安価にすることが望ましいが，安かろう悪かろうになってしまっては本末転倒だ。質を保証したうえで，できるだけ低コストでの調達が可能な方法を選択する必要がある。

　官公庁では，ある金額以上の調達については，長い間一般競争入札を原則としていた。調達したいモノやサービスを，その納品条件を公示したうえで，応募者を制限せず，応募者すべてに落札希望価格を提示させ，原則として最低価格を示した者に落札する方式である。典型的な入札対象としては工事関係やシステム構築があり，それが多くの談合を生んで社会問題化してきた。

　また，随意契約という方法も一般的だった。これは調達側が，その供給者として最適と考える者を指定し，契約する方式だ。調達対象となるモノが特殊なため，事実上そうならざるをえない場合もあるし，逆にあまりに一般的で，どこから入手しても変わりがない場合もある。図書館の例でいえば，特定の貴重書や特殊な図書館用品，あるいは再販制度によって定価が守られている一般書があてはまる。この方式も，調達担当者と供給者との癒着や選択の不明朗さなどの問題がたびたび指摘されている。

　こうした問題点を解決するため，近年増えてきたのが，総合評価型入札だ。これは，価格の安さだけを判定要素とせず，応募者から調達対象の内容に対する提案を受け，それをさまざまな観点から評価し，総合点をつけて，落札者を決定する方式である。どういう項目で評価するかは，調達対象とするモノやサービスによってそれぞれ異なってくるが，通常選定委員会を設置し，評価方式，評価項目，配点，評価基準などをあらかじめ決めている（表5.1）。

　この方式は，適切な運用を行えば，現存の調達方式のなかでは，最も公正で，適切な供給者を選ぶことができるしくみと考えられる。しかし，選定委員の選

び方，項目の配点の仕方，応募期間や応募条件の設定，審議結果の公開性等，運用次第で不透明性が増すこともありうる。

　一般の公共図書館では，新館建築や改修，図書館システムの導入などの場合を除き，調達対象が比較的小額のものや特定物品が多く，また一般資料中心の安定的な供給が続いたため，随意契約をとる場合がこれまでは多かったと思われるが，委託業務の拡大やビジネス支援・学校支援などサービスの多様化にともなって，新たな供給先の開拓が求められており，総合評価型入札の適用も今後増えてくるだろう。

　昔の図書館は，モノは買ってしまえば終わりだった。購入した資料は図書館の蔵書となり，100％図書館の管理下にあった。しかし，いまや事情は大きく変わってきた。その典型が使用契約による電子書籍サービスである。

　電子書籍は図書館の提供する資料のひとつだが，蔵書ではない。出版社（あるいは配信会社）との契約を打ち切れば，明日から利用ができなくなってしまう。つまり，モノ自体を購入し，半永久的に図書館が所有するのではなく，サービスを購入することで代えようとする考え方だ。そうすることによって，所有することによって生じる維持管理コストを削減し，しかもそのつど必要な最新の物品を調達することが可能になる。

　このような「サービスの調達」は，実際には業務委託というかたちで以前から図書館でも存在した。たとえば館内の清掃や施設管理だ。公共図書館では，図書の装備についても，委託の歴史は長い。しかしそれらは，主に図書館の周辺的業務やサービスだった。

　近年の特徴は，それが図書館業務・サービスの中核的部分に及んできたことだろう。その代表が，図書館システム関係のソフトウェアやサーバ・端末等ハードウェアの利用契約だ。日進月歩の情報システムに，買い取りでは対応不可能だし，金額も膨大である。また，システム・メンテナンスも専門的業務であり，一般の図書館職員で担えるものではない。

　サービスの調達はモノだけにとどまらない。人的資源にもあてはまる。近年広まりをみせている，資料の貸出・返却カウンター業務の委託はその典型だ。

その場合，委託事業者の職員が直接利用者と接することになり，何かトラブルが生じたときの対応は直接雇用の職員とは異なる難しさもある。どのように効果的なサービスを調達していくかの判断は，今後の公共図書館にとって，重要な経営要因のひとつになっている。

第3節　物品の管理

1　管理

事務用品等の消耗品は別として，資料を含む納入された物品は，適切に管理しなければならない。ここでは管理上のポイントを整理しておこう。

受け入れた物品は，その図書館，ひいては図書館の属する地方自治体の財産である。通常，各自治体では，受け入れた物品の管理方針を定めた規則がある（「物品管理規則」など名称はさまざま）。図書館の机やブックトラックは，それに則って管理すればよいのだが，やっかいなことに，図書館資料はこの規則にあてはまらず，例外的な扱いをせざるをえない。つまり，館外貸出というかたちで，住民等の個人に資料を貸し付け，場合によっては紛失のおそれもある。閲覧では不特定多数の利用を前提とし，利用されればされるほど汚損の度合いも進む。半永久的な蔵書とすることもあるが，廃棄することも多い。要するに，一般の物品管理規則が前提とするような利用からは大きく逸脱している。資料だけのための管理規則制定が必要な理由だ。

物品を管理するためには，ひとつずつ登録する必要がある。資料については，本来は，財産としての管理と書誌情報の管理は別の概念だが，図書館では蔵書目録（MARC）をもって事実上の物品管理目録としている場合が多い。今後は，この両者をきちんと分けて考えていく必要がある。

商品や生産財を所有する企業と比べ，官庁の物品管理で奇妙なのは，管理している物品の財産評価がないことだ。図書館にとって大きな資産である蔵書が，財務管理上は0円（正確にいえば評価外）になってしまう。

物品を管理するためにはスペースの確保が必要だ。都市型の公共図書館では，

土地代を考えれば保管にはかなり大きなコストがかかっているはずである。しかし，これも官庁会計では，外部の倉庫等を借用する場合を除いて，自らの敷地内での保管コストを算定する手段がない。さらに，資料排架の変更や書架の整頓・清掃などの維持管理コストもある。

　最後に廃棄の問題がある。登録等と同様に，廃棄処分は自治体の管理規則的には簡便化されている。資料等の廃棄方法にかぎらず，各地方自治体では環境配慮を重視しており，図書館でも，業務・サービスのあらゆる側面での対応を考える必要がある。

2　保存

　図書館の最重要機能のひとつは，よい蔵書を構築していくことだ。それは1年や5年で成果が見えるものではなく，長年の努力が必要になるが，結局は日ごろの1冊ずつの収集と保存の積み重ねだ。

　納本制度をもつ国立図書館を例外として，収集した資料をすべて保存していく図書館はほとんどない。とくに一般の公共図書館では，国立や都道府県立の図書館との連携を前提に，蔵書としていく資料は，その資料的価値や利用の可能性，書庫スペースの余裕，その他の諸要素を勘案して，選別することが大事だ。

　選別の基準は一律ではなく，半永久的に保存するもの，10年たったら書庫の状況等を参考に見直すものなど，資料価値に応じた措置が必要だ。これまで公共図書館での保存といえば，本なら本の形態のまま残していくことが中心だった。しかし，国立図書館や大学図書館では，利用と保存の両立，保管コストの軽減，利用上の便宜などの理由から，マイクロ化，デジタル化等メディア変換による保存が普及しており，公共図書館でもこうした取り組みが必要だ。マイクロ化やデジタル化には，かなりの当初経費がかかるが，その後の保管コストはむしろ軽減される。

　資料保存は，図書館サービスの基本方針にかかわる問題だが，同時に多くの労力や経費を要する，優れて図書館経営上の問題でもある。雑誌の合冊製本や

資料の修復作業，閉架資料の効率的配置など日常的な保存対策も含めて，経営的観点からの検討を忘れてはならない。

　さらに，CDやビデオも図書館の蔵書構築の対象だが，第1節であげたように，紙媒体の資料とは異なる資料管理上の長所と短所がある。形態が規格化されているため，保管スペースに無駄が生じないことはコスト管理上の大きな利点だ。しかし，16ミリフィルムからビデオへ，そしてDVDへと媒体が変わったように，それに合わせて再生装置を維持し続けることは大きな負担である。媒体だけでなく，電子記録装置の場合，フォーマットが変わってしまうことがある。日本の公共図書館では，電子情報の提供は，ようやくOPACによる目録情報からインターネット情報源へ広がりつつある。今後それがさらにデジタル化された行政文書や地域情報を対象としていくときには，フォーマット変換が大きな問題となってくる。

　資料以外の物品の管理は，一般的には，その図書館が属する各自治体で定めた物品管理規則に従えばよい。逆に，一般の物品管理規則の例外として定められている資料関係の規則は，法規的観点からみると規定が十分整っているとは必ずしもいえない。図書館におけるモノの管理は，これまで図書館情報学のなかで独立した研究分野として論じられたことはなかった。また，図書館現場でも，個別の対応があるだけで，統一的な業務プロセスとしては把握されてこなかった。資料の内容だけでなく，モノとして資料をみていくことが，今後の図書館経営の理論と実践の発展には必要なことだ。

考えてみよう・調べてみよう

1. 書架やブックトラックなどの図書館用品を専門に扱っている会社は，日本にどのぐらいあるだろうか。
2. 閉架書庫に入れた本を保存していくためには，どのような種類の費用がかかるだろうか。列挙してみよう。

読書案内

井熊均『実践的事業者評価による自治体の調達革命』ぎょうせい，2005年
ワートマン，W. A.（松戸保子ほか訳）『蔵書管理：背景と原則』勁草書房，1994年

第6章

図書館財務

❏**本章の要点**

　図書館にかかわる予算の組み立てや使い方に関して，それぞれ個別に対応するのではなく，財務という観点から総合的に把握する必要がある。予算編成，予算の執行，財務監査という財務プロセス毎に新しい考え方が現れている。

第1節　図書館にとっての財務

　図書館運営に必要な資金の確保，予算の編成と執行，財産管理，監査等にかかわる財務制度の問題点は，公共図書館に限ったことではなく，日本の官公庁に共通した，国・地方の財政・会計制度全般にかかわる問題点や制約条件が反映している。しかし，そこにも変革の波が寄せてきている。それが第2章でもふれた NPM など新しい公共経営の方向であり，その柱のひとつが財務制度改革だ。

　NPM で問題にしている官の財政・会計制度には，現金主義会計，単年度予算，貸借対照表の不備など多数あるが，なにより「財務」という言葉・概念が，国と地方自治体関係者の間に理解されてこなかったことが最大の問題だろう。その意味で，2001 年の「財務省」の誕生は象徴的だが，財務の基本的考え方・基本原則の理解あるいはその制度的保障となると，改革はまだ緒についたばかりだ。しかしそうはいっても，現在の制度のもとでも図書館が独自に改善していく余地はおおいにある。そのためにはまず，図書館関係者が，図書館の経済

環境の変化を受けて，図書館財務の認識の枠組みを大きく変える必要がある。

　あるいは，むしろ「図書館財務」という概念枠（conceptual scheme）そのものを先ずは受け入れることだ。

　それでは，どのような変化が図書館の経済的環境に生じているのだろうか。大きく，①資金調達・予算編成と②予算執行・財務監査の2つに分けてその変化の要因を考えてみたい。

1　資金調達と予算編成

　公共図書館の予算は，日本では，図書館の設置母体である地方自治体の予算の枠内で，前年度予算を基準に図書館または担当部門でつくった予算原案を教育委員会事務局内で調整したうえで財政部門に提出し，ヒアリング等何度かのやりとりと議会での議決を経て決まるのが通常だ。いったん予算が決まれば，年度内はその予算額内でやりくりするしかない。制度的には補正予算を組むことも可能だが，年度内の予算の増減額は事実上ないと考えてよい。したがって年度途中で臨時に大きな事業や新規サービスの必要性が生じても，次年度の予算確保まで待つしかない。いずれにせよその資金源は税金だ。

　欧米の公共図書館も，資金源は地方自治体からの予算割当てが中心だが，それ以外の資金調達，たとえば寄付金獲得や事業収入にも取り組んできた。さらに近年そうした方向への圧力は高まっている。その理由は，日本と同じように財政難という場合もあるが，それ以上に，コスト意識の向上，顧客指向の徹底，新規事業への取り組みによる業務全体の再編成など，経営革新のきっかけにするという意味合いが強い。日本でも公的機関の縮小・再編成，指定管理者制度の導入，地方独立行政法人の設置など，図書館が対象となりうる地方自治体組織の経営形態の変動期に入り，それにともなう資金調達の多様化が直近の課題となっている。

　多くの図書館では，一般の公的機関と同様に，漸増的予算が予算編成の方法として採用されている。この方法は，前年度の予算項目（人件費，資料費，役務費等）とそれに割り当てられた予算額を基礎に，単価増や需要増などの変化要

因を加味して次年度の予算を編成するものだ。ある程度の新規要求項目の追加や，状況によっては削減ということもあるが，編成の骨格に大きな変更はない。

　しかし，業務・サービスの定常性を前提にした，このような予算編成方式では，状況変化の激しい行政需要に応えられなくなっている。各地方自治体においても，企業にならった事業部制の導入などを契機に，各事業プログラムに年度ごとの優先順位に従って必要額を割り当てる政策的予算編成方式への転換が迫られている。すべてが事業といっていい図書館業務はその格好の対象だ。

2　予算執行と監査

　予算が決まれば，その金額内で，事業の目的に沿って最大の効果を生むように予算を効率的に使っていく必要がある。それを予算の執行という。

　予算執行についても，その重点が職員人件費や資料購入費の着実な執行管理を中心とする定型的業務から，常に政策的判断をしながら進めていく創造的業務に変わってきている。その理由は3つある。

　第1に，入札その他の諸手続と適切な運営管理が必要な業務委託，電子ジャーナル等の使用契約，コンピュータのリース契約，非常勤職員やパートタイマー等の各種雇用契約など，法律・経済の知識を要する執行管理の複雑化・多様化がある。

　第2に，情報システムや情報技術への業務の依存度が高まっていることにともなう，維持管理コストの増大と新技術への素早い対応のバランスの難しさがある。費用のかさむ新しい図書館システムの導入やヴァージョンアップをどの時期に行うか，サービスの向上と業務の合理化との兼ね合いで難しい判断だ。

　第3に，費用対効果または費用対便益への配慮が行政内で厳しくなっていることがある。また，入札等における透明性，公平性の確保も不可欠である。

　こうして執行された予算が，適切だったか否かを評価する会計監査にも，住民に対する説明責任を果たすという観点から，執行部門への要求の水準は厳しくなっている。従来の図書館を含む公的機関の予算執行監査は，会計等関係諸法規に則って行われているかをみる合規性と，事業が最小のコストで実施され

たかをみる経済性の，主に2つの観点から判断されていた。

　近年はそれに加えて，予算の執行によって事業目標がどこまで達成されたかをみる「有効性の観点」が重視されだしている。たとえば，従来は，職員が前年度から引き続き行う同一業務に関して，その妥当性の説明を求められることはなかったが，いまでは業務委託で行わないことの理由（職員で行うことの優位性の説明）が必要だ。

第2節　図書館財務の実際と官庁会計としての限界

　図書館のお金にまつわる業務は，これまで予算，会計，調達などそれぞれ個別に考えられてきた。以下では，それらを「図書館財務」というかたちで総合的にとらえなおし，その現状と問題点について，予算の編成，執行，監査の3つの段階に分けて考えてみたい。

1　予算編成方式

　一般に図書館の予算は，年度を単位として編成され，支出の内容ではなく，職員給与，役務費，備品購入費，システム管理費等の費用の種類ごとに支出額を整理した費目別編成が主流だ（表6.1）。費目別編成のなかで，特定の事業や業務，サービスにかかる費用をある程度付加的に項目化することは可能だが，基本的には，貸出サービスや館内閲覧業務に全体としてどれだけの経費がかけられているかを知ることはできない。変化の激しい社会環境のなかで，図書館業務を毎年政策的に見直していこうとするとき，この費目別予算編成にはいくつかの欠点がある。

　第1に，図書館としてどの業務・サービスを強化または縮小しようとしているかの方針が予算形式上表現されず，館内外からの評価が難しい。

　第2に，前年度予算を基礎にその費目の増減（たとえば職員給与の増減）をはかることが編成作業の中心となり，新規サービスの開拓や時代遅れになってしまった事業の廃止への手がかりがつかみにくい。

表 6.1 　図書館の費目別予算の例（文京区立図書館令和 5 年度当初予算）

節		説　　明	
区　　分	金　額		
	千円		
3 職員手当等	65,322	1 職員給与費	175,903 千円
4 共済費	30,331	職員数　18 人	
7 報償費	4	［真砂中央図書館所管］	
8 旅費	60	2 図書館広報	383 千円
10 需用費	562	3 庶務関係経費	742 千円
11 役務費	204		
13 使用料及び賃借料	63		
18 負担金補助及び交付金	232		
1 報酬	11,968	［真砂中央図書館所管］	
3 職員手当等	2,394	1 図書館資料費	136,899 千円
4 共済費	4,248	2 電算関係経費	44,149 千円
7 報償費	336	3 図書館運営費	1,087,928 千円
8 旅費	738	4 子ども読書活動の推進	9,802 千円
10 需用費	139,520	5 小石川図書館等改築基本計画策定	16,229 千円
11 役務費	78		
12 委託料	1,115,920		
13 使用料及び賃借料	19,805		
10 需用費	34,978	［真砂中央図書館所管］	
11 役務費	1,886	1 館舎維持管理	94,155 千円
12 委託料	42,095		
13 使用料及び賃借料	15,196		

（出所）文京区ホームページ「文京区令和 5 年度各会計予算事項別明細書　歳出 10 款教育費 5 項図書館費」p.289
https://www.city.bunkyo.lg.jp/var/rev0/0258/4106/202336143450.pdf

　第 3 に，費目別とはいっても，たとえば，人件費が，職員給与，社会保険負担額，事務運営関連経費，監理費，超過勤務手当，旅費，研修費，厚生費，非常勤手当などさまざまな費目に分散していて，全体的に人件費を把握することが簡単にはできない。

　事業等プログラムを主要な支出項目とし，体系化するプログラム別予算編成は，こうした欠点を克服する有効な方法だが，図書館では一般的に採用されているとは言いがたい状況だ。

　国の予算編成が典型的だが，前年度のほぼ 1 年間（あるいはそれ以上）をかけ

て次年度の予算を編成していく官庁の方式は，予算要求時以降に生じた新たな
ニーズに対応することを難しくしている。また，情報システムの構築・改善に
かかる費用のように，数年にわたる予算配分と情報環境や情報技術の変化に応
じた柔軟な執行を必要とする事業に対して，単年度予算や現金主義会計ではう
まく対応しきれないのが現状だ。

2 予算の執行

　事業計画の実行上やむをえない変更や競争入札による予定価格との差額の発
生，編成当初は想定していなかった緊急の支出などさまざまな理由から，予算
が予算書通り執行されることは現実にはありえない。そもそも予算書にすべて
の予定経費，たとえば購入予定の本1冊ずつの価格を記入することは不可能だ。
つまり，予算の執行は，予算書に書いてある事項を正確に実施すればすむわけ
ではない。予算編成の「方針」を理解して，それを実現させる政策的判断が不
可欠なのだ。

　予算の執行に関する問題点のひとつに，どのように公正さを確保するかがあ
る。教育委員会内の調整，財政部門との交渉，議会での審議などいくつかの段
階で図書館外部のチェックが働く予算編成と違い，予算の執行では，調達先，
価格，支出規模，購入時期等が担当者の判断にゆだねられることが多い。図書
館内部での決定過程や責任の所在を明確にすることが必要だ。

　また，図書館サービスや業務に必要な資源の調達に関して，事務用品や本な
どの物品調達が中心であった過去と異なり，近年は情報システムのリース契約，
商用データベースの利用契約，一部業務の外部委託のように，サービスの調達
が増えて，プロポーザル方式の実施などによる手順の複雑化が進んでいる。あ
わせて，調達関係の契約締結にあたっては，単に従来のような官庁会計にかか
わる諸法規への合規性だけでなく，商法，独占禁止法，労働者派遣法，個人情
報保護法などの一般法規との整合性のチェックも不可欠になっている。

　政策意思を反映する予算編成に比べ，その執行は単純な定型的業務とみなさ
れた時代もあった。しかし，予算の執行にかかわる事務は，質・量の両面で確

実に増加している。執行内容の複雑化・煩雑化あるいは重要性を考慮した人材の確保がこれからは欠かせない。

3　会計監査から財務監査へ

　行政各部門における予算が，当初の目的に沿って適法的・経済合理的に執行されたか否かを点検し，指摘した問題点をその後の予算編成の改善に結びつけることが，従来の官庁組織で行われる会計監査だった。検査主体としては，行政内部の監査部門と外部有識者等に委嘱した監査委員によることが地方自治体では一般的だ。

　この方式の問題点はいくつもある。たとえば，検査の対象が前年度予算となるため，仮に不適切な支出が監査結果で見つかっても，結局「後の祭り」で，今後はそのようなことがないようにします，で終わってしまう。また，検査部門の陣容に比べて，検査対象となる部門・支出項目があまりに多いため，すべてにわたって検査するというより，ピンポイント的に詳細に調べた結果を，一罰百戒的に指摘することになりがちである。

　さらに，① 情報システムの効率や人件費と労働生産性の関係を評価する費用管理，② 減価償却概念の導入による本格的な貸借対象表の作成や土地・施設運用の適切性を評価する財産管理，の視点も欠けている。

　なによりも問題なのは，仮に適法で，経済合理的な支出であっても，その予算執行が本来の政策目的を「どれだけ達成したか」の有効性の観点が，これまでの会計監査ではきわめて不十分なことだ。施策の有効性を評価するためには，その予算を使った施策がどのような効果を目的としたものか，また，その達成評価基準を事前に明らかにしておく必要がある。図書館でいえば，各図書館サービス・業務の目標を設定したうえで，図書館パフォーマンス指標（第9章参照）を考えることにあたる。図書館サービスの指標が，単純な貸出冊数の増減にとどまらないことは明らかだ。

　これまでの会計監査の対象は，予算執行が中心となっていたが，資金調達の効率性や財産管理の適切性評価を含めた「財務監査」への発展が，図書館を含

めた官庁組織の大きな課題となっている。

第3節　新しい図書館財務の考え方

　今後の図書館経営のなかで，資金の獲得と運用，資産管理など財務の占める比重はますます大きくなっていくと考えられる。それを従来通りの官庁会計的な発想で取り組むのではなく，企業財務を参考にしながら，新しい理論的枠組みのなかで実務を再構成していく必要がある。以下では，財務管理，財務過程，財務経営資源の3つに分けて説明する。

1　財務管理

　財務管理は，資金調達，財産管理，法規管理の3つの側面をもつ概念だ。企業財務における資産・負債・資本の管理運営に相当する機能だが，これまでの図書館経営ではほとんど議論の対象になってこなかった。議論の対象となっていないことは，対処すべき事象が図書館実務のなかに存在しなかったことを意味しない。そのような概念的枠組みで考えるような，事象相互の関連づけができていなかったのである。

　資金調達に関しては，公共図書館は地方自治体からの支出金（予算割当て）にその資金の大半を頼っているのが現状だ。自治体が財政難になれば，その分，図書館の予算も削られる。そうした負の連鎖を絶って，財政難にあっても，図書館が時代に応えた新しいサービスを開拓していくためには，独自の資金調達の努力が必要だ。欧米の事例を参考に，基金の獲得，収益事業の実施，知的資産を担保とする新しい投資スキームの開発などが考えられる。

　財産管理は，企業財務における有形，無形，投資その他の固定資産および繰延資産と負債の管理にあたる考え方である。繰延資産という考え方を導入すると，図書館が蓄積している情報資源をどのように資産計上し，活用するかという問題や，何年にもわたる開発や維持・改善を必要とする図書館情報システム経費の取り扱い方など，重要な問題であることはこれまでも意識されていたが，

表 6.2　国の連結貸借対照表（令和３年度）

（単位：兆円）

	2年度末	3年度末	増▲減		2年度末	3年度末	増▲減
〈資産の部〉				**〈負債の部〉**			
現金・預金	166.3	86.3	▲ 80.0	未払金等	15.8	15.0	▲ 0.8
有価証券	440.2	353.7	▲ 86.5	政府短期証券	92.8	88.3	▲ 4.5
たな卸資産	5.0	4.9	▲ 0.1	公債	986.9	1,103.1	116.1
未収金等	15.1	13.4	▲ 1.7	独立行政法人等債券	57.6	63.9	6.3
貸付金	166.3	161.6	▲ 4.7	借入金	40.4	42.3	1.9
貸倒引当金等	▲ 3.7	▲ 3.9	▲ 0.3	預託金	2.2	1.9	▲ 0.4
有形固定資産	280.2	280.1	▲ 0.2	郵便貯金	187.9	0.6	▲ 187.3
無形固定資産	1.4	1.2	▲ 0.2	責任準備金	90.0	28.8	▲ 61.2
出資金	19.3	22.3	3.0	公的年金預り金	126.0	126.7	0.6
支払承諾見返等	2.4	2.3	▲ 0.1	退職給付引当金等	10.9	8.4	▲ 2.5
その他の資産	28.4	20.9	▲ 7.5	支払承諾等	2.4	2.3	▲ 0.1
				その他の負債	48.3	33.1	▲ 15.2
				負債合計	**1,661.2**	**1,514.3**	**▲ 146.9**
				〈資産・負債差額の部〉			
				資産・負債差額	**▲ 540.3**	**▲ 571.6**	**▲ 31.3**
資産合計	**1,121.0**	**942.8**	**▲ 178.2**	**負債及び資産・負債差額合計**	**1,121.0**	**942.8**	**▲ 178.2**

（出所）財務省ホームページ「令和３年度連結財務書類の概要　連結貸借対照表」
https://www.mof.go.jp/policy/budget/report/public_finance_fact_sheet/fy2021/renketu.gaiyou20230329.html

官庁会計的にどのように扱っていいのかわからなかった問題の解決の糸口が得られる。

　自治体のなかでは一等地にあることが多い図書館の土地や建物の活用の観点も必要だ。また，PFI の導入にともなって，巨額の債務負担行為が生じることもあり，「負債」概念を図書館経営上も導入しておく必要がある。その前提として，貸借対照表の作成があることはいうまでもない（表 6.2）。

　図書館で蓄積・編集した専門書誌や電子情報資源にかかわる著作権管理，収益事業にともなう利用契約・債務負担など，財務管理のほとんどの業務についての法規上の対処と，戦略法務的観点からの積極的な活用を忘れてはならない。これが法規管理の対象である。

2　財務過程

　予算編成から財務監査にいたる過程をひとつの業務プロセスととらえたもの

が財務過程だ。その下位プロセスとしては，予算編成，予算執行，費用管理，財務監査の4つがある。ここでは，そのなかから，当面取り組むべき3つの課題をあげておきたい。

第1は，予算編成方式である。

第2節の冒頭でも述べたように，従来の漸増的な組織・費目別予算編成方式には多くの問題がある。プログラム別編成方式への転換が望ましいが（表6.3），図書館も役所の一部である以上，勝手に制度を変えるわけにはいかない。したがって，制度の全面的変更は行政改革の動きを待つしかないが，多くの地方自治体では，実際の編成作業にあたってプログラム別編成がすでに一部実施され，予算参考書の記述に反映されている。しかし，その場合でも，現状では新規事業について行われることが多く，図書館の例でいえば，日常的に多くの労力をさいている資料の貸出・返却・予約業務にどれだけの経費がかかっているかを把握することは予算書上困難だ。そのことは，コストという視点から業務を常に見直し，改善の手がかりを得る費用管理を実施するうえで大きな阻害要因になっている。

第2の課題は，予算執行の透明性を高め，執行計画作成から実行決定までのプロセス管理の仕組みを明確にすることだ。図書館業務・サービスのなかで，外部委託や発注業務の占める割合が高くなっている。入札，選定，契約，実施管理，結果評価などの方法をなるべく標準化しておく必要がある。

3つ目の課題は，危険管理（リスク・マネジメント）の概念を導入する必要性である。災害・事故発生時の危機管理や日常的な安全を確保する安全管理ではなく，経営上の損失を予測し，予め回避・低減・移転・保有することによって，不測の損害を最小の費用で効果的に処理する危険管理は，すでに企業では当たり前のことであるが，役所全体で損失をカバーする傾向のある公共機関では，まだまだ理解や実際の導入が進んでいない。しかし，施設や運営上の独立性が高い図書館の場合，危険管理の有用性は大きいはずである。

表 6.3　図書館の事業別予算の例
（浦安市立図書館令和 4 年度当初予算）

単位：千円

事業	令和4年度予算	令和3年度予算	増　減	予算の内容
図書館協議会運営費	279	279	0	
職員給与費	253,481	271,542	△ 18,061	
職員研修費	17	19	△ 2	研修参加に係る経費
集会事業開催経費	0	20	△ 20	
図書館管理事業	66,480	66,474	6	施設維持管理経費
図書館サービス事業	2,811	3,121	△ 310	
一般奉仕事業	784	1,011	△ 227	一般成人向けサービスに係る経費
レファレンスサービス事業	1,467	1,478	△ 11	レファレンスサービスに係る経費
障がい者サービス事業	560	632	△ 72	障がい者サービスに係る経費
電子資料提供サービス事業	2,680	2,680	0	震災アーカイブ運用に係る経費
児童サービス事業	5,080	5,315	△ 235	
図書館資料の充実	63,186	64,523	△ 1,337	図書館資料購入に係る経費
図書購入費	50,000	50,000	0	
逐次刊行物購入費	11,000	12,094	△ 1,094	新聞・雑誌等購入経費
視聴覚資料購入費	2,186	2,429	△ 243	CD・DVD等購入経費
図書館運営費	149,173	148,842	331	図書館資料の管理に係る経費
図書館電算処理経費	23,691	14,980	8,711	図書館システム他電算に係る経費
新浦安駅前複合施設整備運営事業(債務負担行為)	2,157	2,151	6	新浦安駅前プラザマーレの施設に係る経費
図書サービスコーナー運営費	10,797	10,385	412	新浦安駅前プラザマーレの図書サービスコーナー運営に係る経費
一般事務費	3,181	3,338	△ 157	
負担金	91	141	△ 50	各種団体の参加負担金
補助金	76	80	△ 4	浦安市読書会連絡協議会補助金
合　計	583,180	593,890	△ 10,710	

（出所）『浦安市立図書館概要　令和 4 年度』p.29
http://library.city.urayasu.chiba.jp/about/magazine/gaiyo2022.pdf（2023 年 11 月 22 日確認）

3　財務経営資源

　これまでの日本の図書館実務では，財務の重要性はほとんど省みられることがなかった。しかし企業や民間非営利団体の運営をみればわかるように，財務は人事と並んで，組織の運営を根幹で支える経営の中核機能だ。したがって，図書館財務の実行には，当然ながらそれなりの経営資源の投入が必要である。

　財務を支える経営資源としては，人材，情報システム，制度，評価機能の 4

つがあげられる。そのあらゆる側面で図書館の取り組みは遅れているが（それは図書館のせいというよりも，「官」全体の問題だが），そのうちで対応が急がれる2つの点がある。

　第1点は，人材の問題だ。実務的には，単なる会計処理担当ではない，これまであげてきた一連の財務過程を掌握する財務担当を各図書館へ配置することである。日本の図書館はほとんどが小規模組織なので，財務担当を専任で置くことは無理かもしれない。しかし兼任であっても，財務過程を経営の重要な業務プロセスとして認識することが大事だ。もちろん，館長の兼務であってもかまわない。それに関連して，財務管理，予算編成，執行管理，財務監査，会計処理等，財務の下位業務プロセスごとにその業務対象範囲と職務規定・職務権限を明確にしておく必要がある。

　第2点は，図書館財務を分析・評価するための手法や指標，基準を開発し，全国的規模で標準化することだ。企業財務における収益性等の財務評価基準や分析指標をそのまま図書館財務に適用することは不可能である。一方，費用分析など公共図書館に応用可能な手法もある。また，欧米の財団等民間非営利組織では，企業と異なる独自の財務指標が工夫されていて，図書館にも参照可能だ。

　このような評価指標の開発や標準化は，一図書館でできることではない。文部科学省や日本図書館協会，図書館情報学の学会などが力を合わせて取り組むべき課題だろう。

考えてみよう・調べてみよう

1. 図書館の予算を増やす手段として，税金で賄う以外にどのような方法があるだろうか。
2. 幾つかの図書館の年報に掲載されている予算表を比較してみよう。それぞれの図書館に特徴的なことはあるだろうか。

読書案内

伊藤博『〈新〉実践財務管理：財務の基本とその応用展開』ダイヤモンド社，1992年
公会計改革プロジェクトチーム『財政会計改革工程表：日本のマクロ経済再生の書』ぎょうせい，2003年

鈴木豊『公監査』同文館出版，2006 年

柳与志夫「第 12 章　図書館財務—その理論的枠組と今後の課題」『文化情報資源と図書館
経営』勁草書房，2015 年

第 7 章

公共空間としての図書館

　図書館の電子情報サービスが発展する一方で，「場所」あるいは「場」としての図書館の重要性が再認識され始めている。そのためには，従来のような図書館施設・設備の管理という発想から，価値を生み出すための施設運用（ファシリティ・マネジメント）への発想の転換が必要だ。

第 1 節　施設を活かす管理・運用

　「図書館」と聞いて，まず思い起こすのは，図書館サービスではなく，図書の「館」としての図書館建築という人が多いのではないだろうか。たしかに図書館は長い間，建物や書架や本というモノに支えられ，またその制約も受けてきた。それが変わってきたのには，コンピュータや通信ネットワークの発達が大きい。図書館先進国の米国では，以前は大学図書館に足繁く通っていた先生や学生が，自宅やカフェにいたまま，電子ジャーナルやデジタル化された蔵書，インターネット情報源にアクセスして用をすませてしまうことが多くなっている。日本では状況はまだまだ遅れているが，それが今後の姿であることは間違いない。このように，図書館という建物や場所の制約がなくなりつつあることは，図書館サービス発展のひとつの方向だ。

　しかしその一方で，本に囲まれた空間のなかでゆったりと読書をする，あるいはただぼんやり考え事をする，同じことをしている人たちを見ながら集中的

に勉強や研究をする，老若男女・職業経歴をまったく異にする人たちが集う，そのようなことを可能にする公共的で，知的な空間としての図書館にもあらためて関心が集まっている。いつでも，どこでも受けられるサービスだけでなく，その場にいなければ体験できないことの重要性に人びとは気がつきはじめているのだ（写真7.1）。

地方自治体の財政が逼迫し，公共施設の建設も抑制されるなかで，ほとんど公共図書館だけが毎年全国的に増加し続けている。こうした状況で，図書館は，地域文化の象徴，情報提供の拠点，住民の憩いの場など，さまざまなニーズに応える必要があり，図書館建築や設備，そしてその適切な運用がそこで果たす役割はますます重要になっている。

写真 7.1　武蔵野プレイスのゆったりした空間

（出所）武蔵野プレイスホームページ
https://www.musashino.or.jp/place/

1　施設管理から施設運用・活用へ

図書館建築を考えるにあたっての，たいへん重要な前提条件がある。立地条件だ。

民間のサービス業にとって，新規出店のための立地を決めることは，その店舗の死命を制するといっても言い過ぎではない。とくに，高級店やその店だけが提供している，というわけではない一般的商品・サービスを扱う店にとってはそうだ。

図書館は立地の選択が自由にできない場合が多い。たいていの場合，自治体

78

がもっている土地を，そのときの政治的・行政的都合を考慮して割り当てられる。必ずしも図書館サービスに好都合な場所とはかぎらないのだ。昔は交通アクセスの不便な公園のなかに，ひっそりとたたずむという感じも少なくなかった。近年は，自治体関係者の間で図書館の集客力が注目され，一種の客寄せとして，駅ビル再開発などで好条件の立地をするケースも目立ってきている。いずれにせよ，与えられた立地条件・建築環境のなかで，最大限その図書館施設のメリットを生かす運用をはかっていくしかない。

　民間企業でも，オフィスや工場施設の管理は，少し前までは重要ではあるがおもしろみのない仕事とみなされてきた。雨漏りや漏電のないように点検する，狭いスペースを有効に活用する，電気代をいかに節約するか，というように，本来の業務やサービスを支える，よくいえば縁の下の力もち，悪くいえば，後ろ向きの仕事だった。

　しかし近年，施設管理の考え方は，ファシリティ・マネジメントへと大きく変化した。所有する施設や空間を重要な経営資源としてとらえ，そこからどのように付加価値や収益を生み出すかを考える創造的な業務として再構築されたのだ。ただの倉庫として使っていたデッドスペースを魅力的な店舗に変える，自社にとっては魅力のない施設を他業種に貸すことによって利用度を高める，オフィス空間の配置を変えることで生産性を向上させる，証券化をはかることで資金運用の手段とする，などさまざまなアイディアが実践され，成果があがっている。

　図書館施設についても同じことがいえる。サービスに支障がないように管理する，という発想を抜け出し，図書館という施設をどう活用していくか，図書館建築もサービスのひとつ，という施設運用の考え方への転換が必要だ。そう考えれば，民間で行われているファシリティ・マネジメントの多くの手法が，図書館に適用可能なことに気がつくだろう。

2　複合施設：その魅力と難点

　図書館を建てる場合，単独の施設の場合と，図書館以外の公共施設や住宅，

オフィス，商業施設などとの複合施設になる場合がある。複合施設になる理由はさまざまだ。都心では単独で土地の手当てをするのが難しい，駅ビル開発や地域開発の機会をうまくとらえて建設費節減と客寄せの一石二鳥をねらう，「せんだいメディアテーク」のように図書館と他の公共施設を組み合わせ，これまでにない付加価値を全体として高めるなど，地域ごとの事情があるが，最近は積極的に複合施設化のメリットを活かそうとする建築計画例が増えている。

　複合施設化をこれから考える場合の最大のポイントは，複合化のメリットをどこにおき，その複合化効果を活かすために，施設上・運営上の保障をどのようにするかを明確にしておくことだ。施設管理上のメリット，たとえば建設費および維持管理費の節減を主目的にした場合，施設運営上のデメリットが目立つ結果になってしまいかねない。複合施設は，施設の管理・運用上難しい問題が多いからだ。

　同じ教育委員会所管の図書館と公立小学校が同居する場合を考えても，児童が公共図書館の資料を使えるという大きなメリットはあるが，不特定多数の一般利用者が学校エリアへ立ち入ることを防ぎ，児童の安全を確保しなければならないなど，運用上の問題は少なくない。さらに，福祉施設と図書館のように，自治体の所管部門が違ってくると，管理責任をどうするかという問題が生じる。それぞれの専有部分はいいとしても，共用部分や全体の管理をどうするか，施設管理を委託する場合の契約主体や監督責任をどこがもつかなど，下手をすると責任の押し付け合いになりかねない要素がある。そうした内部管理上の問題が図書館利用者に影響を及ぼさないような注意が必要だ。

第 2 節　サービス空間の設計

1　スペースの配置と家具

　開架フロアを中心とする利用スペースの配置は，その図書館の運営方針を利用者に見えるかたちで示し，サービス内容を左右する重要な施設上の要素だ。多くの図書館に共通する基本的配置パターンはあるが，まず自館のサービス方

針や蔵書構成，地域と利用者の特性などを考慮して，あるべき姿を考えてみる必要がある。そのうえで，スペースや経費，使用上の制約条件と折り合いをつけることになる。

　館内の配置を考える前に，見落としがちだが，重要な要素がある。図書館の外回りと入り口へのアプローチ，そして入り口そのものだ。ひと目で図書館とわかる表示，内部の雰囲気が外からのぞけて入りやすくする，段差なしで入れる，開館時間など基本的案内がすぐわかる，などの工夫が必要だ。

　さらに，これは館内の表示についてもいえることだが，図書館の入り口に案内板や張り紙など注意事項が所狭しと出してある図書館は少なくない。これは入りやすさや図書館のイメージをおおいに損なうので，最小限の分量を守り，掲示内容を日常的に見直すことを忘れてはならない。ポスターやお知らせも掲示期間を事前に決めておく必要がある。

　図書館のメインサービスカウンターと開架フロアは，図書館の施設配置の中心であり，図書館サービスの観点からさまざまな検討が必要だ。経営論的観点からは，利用者の効率的利用の保障，スペースの有効活用，職員配置の効率性，維持管理コスト，安全性と快適性の確保などについて考慮したい。とくに近年は都市部の図書館で，図書館運営に支障をきたす，あるいは利用者に迷惑をかける問題利用者の増加がいわれており，安全性への配慮は不可欠だ。

　かつて一部の図書館では，資料の館外貸出に重点をおくあまり，館内の施設整備には十分配慮しない傾向があった。しかし，公共的読書空間・知的交流の場としての公共図書館のあり方が，また見直されはじめている。その意味で，ただ機能的に十分ということだけではなく，利用者の知的関心を誘発する快適な空間設計や家具の配置と，地震・火事等災害への対応を含めた安全・安心を保障する施設運営が求められている。

2　環境設計

　図書館建築や公開スペースに置いてある家具がどんなにすばらしくても，それがうまく「演出」されなくては，価値は半減してしまう。どんなに料理の味

がよくても，盛りつけが悪くてはおいしく食べる気がしないのと同じだ。この演出にあたるのが，採光や色彩・デザイン，音，空調などの環境設計である。

　大きな窓から光が差し込む開放的空間は公共図書館として悪いイメージではない。しかし直射日光は読書や本の保護にはマイナス要因で，冷暖房に関しても，効果やコストの面で大きな影響を与える。じっくり調査研究するために，少し暗めのゆったりとした雰囲気がふさわしい場合もあれば，てきぱきとビジネス資料を調べるような，明るい生き生きした空間が望ましい場合もある。図書館の利用目的によって，それに適した空間演出も違ってくる。色彩も同様だ。配色が，人の心理状態に大きな影響力をもつことは知られている。利用目的別に館内をゾーニングし，サインと関連させた家具，書架，床などの配色計画を考えることも可能だ。

　一般に日本の図書館は，海外の図書館に比べて採光や色彩が単調だ。風土の違いや文化的背景があるにせよ，海外の事例を参考に，利用効果を高め，利用者の気分に合わせた，採光・カラーデザイン計画にもう少し積極的に取り組んではどうだろうか。

　音の問題も重要である。館内で発生するさまざまな騒音をどのように消していくかの問題もあるが，近年注目されているのは，BGMなどで積極的に音の空間を演出することだ。とはいえ，音に対する好みは個人差が大きいので，慎重に考える必要がある。

　空調も，目立たないが，図書館の利用環境としては重要な要素である。個人差があるため，利用者のクレームも発生しやすい。また，人の快適性と資料にとっての快適さは同じではない。さらに費用対効果の問題も無視できない。

　このように，環境設計はこれからの図書館施設の運用にとってますます重要な要素になっているが，同時にコストも発生する。図書館経営の観点から，その兼ね合いをはかっていかなければならない。

3　バックヤードの重要性
　サービス業に裏方のスペース（下準備のための作業室や従業員の事務室）はつき

ものだ。というより，そこがきちんと確保され，運用されていなければ，十分なサービスは行えない。

　ところが，一般に公共図書館では，これまでその部分が犠牲にされることが多かった。利用者スペース優先，建設段階での図書館員の意見反映が不十分など，その理由はいろいろだが，図書館ができてしまってから，たいへん苦労しながら裏方仕事をしている図書館員は少なくない。

　司書の仕事の中心が選書や目録作成で，利用スペースから隔たったところで仕事をしていた一昔前と異なり，作業スペースは開架スペースやカウンター周りが中心になってきた。したがって，予約や相互貸借，配架準備などのための作業スペースもカウンターに近接していることが必要だ。もちろん事務室での作業も少なくない。したがって通常のオフィスとは違い，資料がある程度置けるようにスペースを大きくとるべきだろう。

　それに加えて，応接室を兼ねた会議室も必要だ。ちょっとした職員間または業者等との打ち合わせは事務室に机ひとつのコーナーを設けることで用は済むが，集中して論議する場合や，他の人には聞かれてまずい相談をすることもある。館長室の設置は，図書館の規模にもよるが，館長のいる部屋というより，マネジメントのための作戦室と位置づけ，会議や応接にも使うようにしたほうがよい。業務委託の拡大にともなって，委託事業者のための部屋が必要になることもある。

　職員が気持ちよく働けることが，よいサービスを提供していく大事な前提条件と考えれば，スタッフ・ラウンジ設置の必要性も理解できるだろう。

第3節　書庫管理

1　開架・閉架と安全性

　図書館の歴史をみれば，図書館がなによりも本の保管所だったことがわかる。まず大切に本を保管するための書庫があり，その周辺に本を読むための閲覧室があった。教会や古い大学の図書館では，書庫のなかにキャレルを置いて，資

料をその場で読むのも普通だった。それが利用者中心の施設へと転換したのは，それほど遠い昔ではない。公共図書館の書架も，戦前あるいは戦後しばらくまでは閉架が中心だった。開架を増やすこと，それを図書館サービスの中心にすえることは，戦後の図書館運動の重要な方向だった。いまや，分館などでは，ほとんど閉架書庫をもたない公共図書館も珍しくない。

　開架と閉架の書架では，したがって考え方がまったく異なる。閉架書架の第一目的は本を効率よく，安全に保管することだ。一方，開架フロアの書架の目的は，利用者に本を見つけてもらうこと，まさに商品展示と同じだ。その違いを十分認識して書架の選択や管理を行う必要がある。

　そこで，まず開架書架に求められる機能を考えてみよう。

　商品展示と同じということは，書架は，商品つまり本を見せるためのもので，それ自体が目立ってはいけない。その次に，並んでいる本が見やすく，手に取りやすい・戻しやすいことが大事だ。そのためには，書架の高さ，段数，奥行き，下段の傾き等を工夫し，さらに書架相互の間隔をきちんととることである。段差をなくす，車いすが通れるスペースを確保するなど，バリアフリーの観点も不可欠である。本を見やすくするために，書架の段数や書架間隔にゆとりをもたせようとすると，その分開架フロアに並べる資料の数は減ってしまう。そのバランスをどうするかの判断は，図書館の資料利用方針に直接かかわることである。

　日本は地震国であり，当然ながらある規模以上の地震がくれば，本が落下することは免れない。しかし，利用者の安全を確保するために，床への固定化などにより，書架が倒れることだけは極力防ぐ工夫が必要だ。

2　書庫の重要性を見直す

　図書館がその年に入手した資料と同量の資料を年度ごとに廃棄していれば，蔵書数は理論的には増えることはない。実際に，十分な書庫を確保していない近年の公共図書館，特に地区館や分館は，古い資料の置き場がなく，中央館に移管したり，廃棄したりせざるをえない状況だ。

写真 7.2　閉架書庫：固定式　　　　　　写真 7.3　閉架書庫：電動式
（東京都台東区立中央図書館）　　　　　　（東京都台東区立中央図書館）

　開館当初は開架の収蔵スペースにゆとりがあった図書館でも，年を追うごとにスペースの確保は難しくなる。また，仮にゆとりがまだあったとしても，古い資料をそのまま開架でおいておくことは，利用効率，資料保存，利用者へのアピール度等の観点から，望ましいことではない。そこで閉架書架からなる書庫が必要になる（写真 7.2，7.3）。

　蔵書の厚みが勝負の国立図書館や大学図書館と比べて，戦後の公共図書館は「今」の利用者のニーズに可能なかぎり応えていく姿勢を見せることで発展してきた経緯がある。話題の新刊書をなるべく早く貸出可能にすることに努力が注がれたのは，そのあらわれのひとつだ。それが一部行きすぎた（またはそうした印象を社会的にもたれた）結果，公共図書館の無料貸本屋批判が広く起きることになった。

　公共図書館は，書店とは異なる社会的役割と使命をもっている。「流行りの本」だけをおいておけばいいわけではない。利用度が少なくても，地域住民にとって大事な資料もある。また，現在の利用者ばかりでなく，「将来」の利用者ニーズにも応える必要がある。さらに，出版文化と読書の振興・支援にも，図書館は積極的にかかわっていくべきだろう。

　このように考えると，公共図書館にとって，長期的視野に立った蔵書構築を可能にする資料の保存，そしてそれを支える書庫の確保は，今後の重要な課題だ。しかしそうはいっても，書庫の確保は，スペースの確保，空調・清掃・照

明などの書庫環境の維持，災害対策，書庫出納や資料移動の人的手当て（あるいは自動書庫の設置と維持管理），盗難防止等，相当の費用負担を強いることになり，図書館経営上の視点は不可欠である。

3　書庫管理とメディア変換

　書庫は，書架を並べて，そこに資料を順次並べておけばいいというものではない。それでは本の物置場になってしまう。書庫を「効果的かつ効率的に管理する（マネジメントする）」という発想が欠かせない。そのためには，それなりの体制と経費が必要だ。

　まず費用対効果の観点からは，資料をどのように並べるか，の問題がある。職員のアクセスだけが認められる完全な閉架書架の場合は，資料のブラウジングを考えなくてよい。つまり，開架フロアのように，NDC 順やテーマ別に資料を並べるために（分類排架という），資料群間にスペースをつくるのではなく，資料の形態別に順次隙間なく並べていく「固定排架」が可能だ。スペースの有効利用や保管のしやすさという管理上の利点だけでなく，資料保存の観点からも，大きさの異なる資料を並べることからくる資料の変形を防ぐという大きな効果がある。従来，公共図書館では固定排架はほとんど採用されていないが，データ管理さえできていれば，十分考慮に値する方法だ。

　適切な書庫環境の維持も重要である。温度・湿度を一定に保つ，定期的に清掃する（埃は意外に積もるものだ），無駄のない照明方法をとる（自動点滅照明の導入など），火災の際の消火装置作動を確認する，などの保守管理業務が発生する。また，完全な閉架書庫ではなく，調査研究目的のため，利用者の書庫への立ち入り・閲覧を認めることもある。そのため，キャレル席やパソコン電源，照明などの配備も必要になってくる。

　当然ながら，古くなった資料のすべてを閉架書庫で保管するわけではない。何を残して何を廃棄するかという，蔵書構築・図書館サービス上の問題はここでは論じないが，アーカイブで使われる中間書庫の考え方は，経営論的に参考になる。捨てる判断がつかないために，すべてをいきなり閉架書庫に移すので

はなく，中間書庫において，一定の期間を経て判断を下す仕組みだ。

　さらに，経営的観点からいえば，自前の書庫をつくり，それを現物で保管することだけが資料保管の方法ではない。費用対効果を考慮して，民間の資料保管サービスを利用するという選択肢もあってよい。また，資料のデジタル化も，利用の利便性や保管コストの軽減という点から十分考慮されるべきだろう。

考えてみよう・調べてみよう

1. 身近な図書館に行ってみて，館内の施設・設備・書架などの配置がどうなっているか調べてみよう。そのうえで，自分ならどう再配置してみたいか，考えてみよう。
2. 世界にはさまざまな図書館建築があり，米国，ドイツ，日本などでは毎年図書館建築に賞を出している。どのようなユニークな図書館建築があるか調べてみて，自分のお気に入りを選んでみよう。

読書案内

植松貞夫『建築から図書館をみる』勉誠出版，1999 年

小島卓弥編著『公共施設が劇的に変わるファシリティマネジメント：オフィスの効率化・窓口改善から遊休施設・廃校舎・空きスペースの活用，災害対応まで』学陽書房，2012 年

西川馨『図書館建築発展史：戦後のめざましい発展をもたらしたものは何か』丸善プラネット，2010 年

益子一彦『図書館／建築／開架／書架：ライブラリーアイデンティティを求めて』丸善，1999 年

アンニョリ，A.（萱野有美訳）『知の広場：図書館と自由　新装版』みすず書房，2017 年

❏本章の要点

　ある組織（図書館）とその関係者（ステークホールダー）との良好な関係構築をめざす PR の考え方については，日本ではいまだに誤解が少なくないが，組織にとって必然的な経営機能であり，PR をするかしないかの選択ではなく，いい PR か，だめな PR かの選択しかないことを認識する必要がある。一方，マーケティングは意識的に選択して行う経営機能であるが，企業はもちろん，図書館などの非営利組織においてもその有効性は確かめられている。その基本的な考え方と手法を学び，図書館現場での積極的な取り組みが望まれる。

第1節　PR とは何か

1　「PR」についての誤解と本来の目的

　PR という言葉自体は，日本でも普及している。新しいサービスの PR が足りない，など日常的に図書館でも使われているはずだ。しかし，PR（Public Relations）の本来の意味を考えると，日本では長い間その一側面に，つまり，ある組織からその関係者や利用者への一方的なお知らせ・広報・宣伝の側面だけに偏りすぎていた感がある。

　PR 本来の目的は，ある組織（図書館）が，公衆・利害関係者との良好な関係を築くことによって，その経営目標の実現を容易にすること，つまり経営環境の整備にある。そこでの重要なポイントは双方向性だ。

　PR の機能は大きく2つある。ひとつは，公衆・利害関係者，つまり図書館

の外部とのコミュニケーション活動の計画・実施であり，まず PR といえばそれが思い浮かぶだろう。しかし，実はもうひとつの重要な機能が PR にはある。それは，図書館内部の関係者とのコミュニケーション活動として，経営トップ（館長）や関係部門に対して，外部環境を伝え，改善の助言機能を果たすことだ。それが組織の停滞の打破や，非効率・不適切な業務の見直しにつながる。

　外部関係者とのコミュニケーションには，広報，広聴，交流，人的接触の 4 つの方法がある。さらに，広報は大きくパブリシティと宣伝（広告）に分かれるが，詳しくは別の項目で説明する（図 8.1）。

　広聴は，広く外部関係者の意見やニーズをとらえる活動で，図書館でも利用者・住民へのアンケート調査は一般的に行われている。

　懇談会，各種行事，文化活動等を行うことによって外部関係者とのコミュニケーションをとろうとするのが交流である。図書館友の会や図書館見学ツアーはその一例だ。

　最もコミュニケーション濃度が高い方法が人的接触だ。図書館運営にとくに影響力をもつ人や機関，たとえば，議会で図書館を所管する委員会の議員，庁内の財政担当者，図書館協議会メンバーなどに対して，館長等が直接面会して説明や説得活動を行うことが中心になる。

　PR はこうした方法を駆使した意図的活動として受けとめられがちだが，他の経営機能と大きく異なることは，組織が活動を始めた瞬間に PR も始まっていることだ。意識的にうまくやるか，無意識のまま非効率・不適切な PR をしているかの違いであることを認識する必要がある。

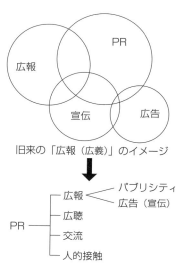

旧来の「広報（広義）」のイメージ

本来の「広報（狭義）」の意味内容

図 8.1　広報と PR の関係

2　PRの対象者

　ひと口に外部関係者といっても，その種類は多様で，対象者別にメッセージ
内容もPR方法も違ってくる。公共図書館の場合，資源供給関係者，管理運営
関係者，サービス対象者，競合・協力機関，社会的影響力をもつ団体・個人の
5つが主な外部関係者と考えられる。

　資源供給関係者としては，取次・書店，図書館サービス・製品業者，委託事
業者等があげられ，図書館サービスの多様化に応じて，その対象範囲はますま
す拡大している。業務やサービスの基盤を支える重要な役割を果たしており，
良好な関係を保っていくことが不可欠だ。人的接触がPR手段の中心になる。

　議会，教育委員会，職員団体，図書館協議会など管理運営関係者との関係も，
図書館経営のあり方を大きく左右する。たとえば議員の場合，会うといろいろ
注文されて面倒なので，不都合な問題が起きたり，予算などの許可を得るため，
やむを得ず会いに行く，という態度ではなく，日常的に図書館を「理解しても
らう」ための人的接触が望まれる。「顔」を覚えてもらうことが第一だ。

　サービス対象者については，いうまでもないが，現在の利用者だけでなく，
潜在的利用者を忘れてはならない。広報，広聴，交流のあらゆる方法を使うこ
とができる。その場合，利用者一般として漠然と対象にするのではなく，マー
ケティングでいうセグメント（共通の特性で区分したグループ）化したうえで個別
の対策が必要だ。オピニオン・リーダー的な利用者に対しては，人的接触も有
効だろう。

　競合・協力関係者としては，他の公共図書館や大学図書館，図書館協会など
に加えて，情報産業，文化・教育機関，行政機関など，図書館サービスの拡大
にともなって，その対象範囲も広げて考えていく必要がある。これも人的接触
が中心となる。

　マスメディア機関，地域の経済団体，市民運動団体等に対しては，何か問題
が起きたときに対応するということではなく，図書館の社会的認知度をあげる
ための日常的な広報や人的接触が重要だ。

3 PRの方法：宣伝とパブリシティ

　主要なPR方法の広報について，一般に混同されがちな2つの手段の違いを説明しておきたい。

　そのひとつは宣伝（広告）だ。企業では広告というほうが自然だが，図書館のような非営利組織ではなじまない感じがするので，ここでは「宣伝」としておこう。宣伝は，「広報を必要とする組織（図書館）の意思によって，製品，サービスその他の情報を公衆に対して，自らの費用において伝達する手段」だ。企業では広告代理店に制作を依頼するのが普通だが，図書館では「広報」という費目では予算措置をしていないことが多い。そこで，職員の自主制作によるパンフレットやニューズレターの配布，ポスター掲示，最近ではホームページやSNSの利用などが中心となっている。

　大事なことは，それらは企業広告と同じように，職員の人件費等費用がかかることを認識し，その費用対効果を考えることだ。宣伝は，図書館と図書館サービスを，利用者・住民やその他外部関係者に知ってもらう重要な業務であり，職員手づくりの稚拙なポスターではなく，きちんと費用をかけてプロに制作を依頼することも，効果の観点から選択肢として考えてみていいし，そのための予算もきちんと確保すべきだろう。

　宣伝と混同されがちだが，パブリシティは広報のもうひとつの有力な手段である。パブリシティは，「マスメディア機関に向けて，メディア編集者（記者）の判断でニュース価値を認めてもらい，組織（図書館）の費用をかけずに報道されることを期待して情報を伝達すること」を意味する。要するに，新聞・雑誌，テレビなどへの働きかけ，取材依頼だ。

　公共図書館は規模が小さく，常に新しい事業を行っているわけでもないので，記者クラブや新聞社支局に常設的な窓口をもてるほど，ニュース価値のある題材を毎日提供することは難しい。そこで一般には，所属する自治体が行うプレスリリース（新聞発表）の一環として実施することが多い。発表した題材を取り上げてもらうためには，日常的に記者に接触し，図書館への関心を高めておく努力が欠かせない。

最近では SNS の影響力がマスメディアを超える場合も少なくなく，図書館職員の個人レベルで対応が可能なので，そのメリットは大きいが，逆に不用意な発信をしていわゆる「炎上」を起こす可能性も高まっており，組織としての発信のルールははっきりさせておくべきだろう。

第2節　マーケティングの必要性

1　マーケティングの基本的な考え方

　マーケティングの必要性と有効性については，企業では早くから理解が進み，20世紀初頭には独立したマーケティング部門が企業内に設置されはじめている。しかし，図書館を含む非営利組織では，買いたくない人にまで買わせようとする，企業本位の高圧的な経営手法というイメージが強く，関心をもつよりも，反感をいだく人が当初は多かった。

　その雰囲気が変わってきたのは，1960年代の消費者運動の高まりや企業の社会的責任を求める声に応じて，製品指向から消費者指向へと企業マーケティング自体が変化し，非営利組織へのマーケティングの適用可能性が理論的にも実践的にも試みられはじめてからだ。いまや米国では大学，教会，美術館，慈善団体，労働組合，政党，国防省などのあらゆる種類の非営利組織が，専任の担当者を置き，マーケティング活動にいそしんでいる。公共図書館もその例外ではない。

　マーケティングの定義は，対象領域の拡大にともなって大きく変化してきたが，ここでは，全米マーケティング協会の定義を参考に，「ある組織の目的を達成するため，選ばれた対象者群のニーズ・要求を満足させるように，その組織の経営資源・方針・諸活動を分析し，組織化し，調節する活動」としておく。

　この定義での「組織」は，企業でも非営利組織でもかまわない。企業の場合は，収益や市場占有率が目的になり，非営利組織の場合は，組織の性格によって，神への信仰の普及だったり，入学者や入館者の増大だったりと目的はさまざまだ。また，マーケティングの対象も利用者（企業でいえば顧客）獲得だけで

はない。寄付金の獲得，活動を支えるための法律制定，有能な人材確保等，組織の目的を達成するために必要な，あらゆることがマーケティングの対象になる。

　この定義で重要なポイントは，「選ばれた対象者群」の部分だ。図書館でいえば，利用者一般や住民全体ではなく，特定のサービス対象者や利害関係者を選ぶという組織決定によってマーケティングは始まる。そこが，意識しようとしまいと実質的に行われている PR と大きく違うところだ。マーケティングは，組織目標達成のための対象者群選択という，組織の経営戦略全体にかかわる活動ととらえる必要がある。

2　非営利組織のマーケティングの特徴

　マーケティングは企業で開発された手法だが，その基本的な考え方と手法は，図書館を含む非営利組織にも十分適用可能なことが理論的にも実践的にも証明されている。そうはいっても，非営利組織固有の問題があり，企業マーケティングをそのまま非営利組織に適用することはできない。考慮すべき点は４つある。

　第１の点は，マーケティングの対象者が多様なことだ。企業の場合は，顧客が主要な収入源であり，マーケティングの対象は顧客獲得が中心となる。非営利組織では，一般にサービス対象者と資金提供者が異なることが多い。利用者と並んで，資金を提供してくれる人の獲得は欠くことができない。また政治家や行政担当者，各種団体等利害関係者もマーケティングの大事な対象者になる。

　第２に，組織目的の多様さがある。企業における収益等わかりやすい目的に比べて，図書館，大学，教会，政府などそれぞれの組織目的は単純ではないし，ひとつに絞りきれるものでもない。

　第３に，「売り物」が物理的製品ではなく，図書館サービスや読書活動推進のように，サービス，思想，生活態度など，形のないものが中心になっていることだ。限られた知識人が利用者であった時代と異なり，現代の大衆社会で図書館の価値は必ずしもすべての人に自明ではない。図書館の社会的意義を，利

用者であるなしにかかわらず理解してもらうという，「思想，価値観」を売り物の対象にする社会的マーケティングが不可欠の要素になっている。

第4の特徴は，公共性の保障だ。とくに公共性からの逸脱に対しては外部からの批判が集中しやすい。たとえば，マーケティングを効果的に行うためには，限られた経営資源を特定対象者に集中して投入する必要があり，除外した対象者との不均衡が生じる。あるいは，活動資金獲得のための事業も，努力した結果，収益があがりすぎると，本来の目的を逸脱している，という批判にさらされる可能性もあり，難しい問題だ。

3　マーケティング過程

マーケティングには一連の過程がある。それを図書館に即してみてみよう。

なによりもまず，経営目標，つまり図書館の戦略目標が必要だ。マーケティングは，組織の目標や価値を設定するものではない。目標が設定されてはじめて，それに到達する手段としてのマーケティング戦略が構築される。

マーケティングは，市場機会の分析，標的市場の選定，マーケティング・ミクスの開発，計画と実施の制御，マーケティング監査の5段階を経て行われる。

図書館の置かれた経営環境の分析が，市場機会分析の第一歩だ。そのうえで，図書館で行う情報サービスの利用促進を例にとれば，対象地域内の人口動態，人々の情報探索行動における影響要因，探索パターン等を調べ，図書館が応じられる情報ニーズの内容を明らかにする必要がある。実施の際の制約要因を発見することも大事な調査目的だ。

マーケティングの対象となる図書館利用者（または新たに利用者としたい人）は一様ではない。その人たちの特性に応じてセグメント（一定のマーケティング刺激に対して同じ反応をする集団）に分け，そのなかからマーケティング対象として最も効果的なセグメントを選ぶのが，標的市場の選定である。その際，競合する機関との関係から，対象セグメントを変更したり，対応するニーズを選別したりして，マーケット上（この場合，情報サービス市場）の図書館の位置づけを決めるのが位置設定（ポジショニング）だ。ただし，標的市場設定と位置設定に

関しては，公共機関には企業と異なるさまざまな制約がある。社会的使命の観点から，あえて不利な（実施上困難の大きく，成功率の低い）セグメントを対象に選ぶこともありうる。

マーケティング・ミクスは，マーケティングの中核となる実施内容を構成する4つの要素からなり，次の第3節で説明する。

マーケティング・ミクスが決まり，その準備が整えばマーケティングを実施し，途中の反応を見ながら，必要な調整を行なっていくことになる。

最後に，マーケティング終了後，それが適切に，そして効果的・効率的に行われたか否かを評価し，次回に生かしていく必要がある。それがマーケティング監査の役割だ。

第3節　図書館のマーケティング：ビジネス支援サービスを事例として

1　マーケティング・ミクス：製品と価格

図書館が行うマーケティングの対象は，新しいサービスの売り込みや新規利用者の獲得にかぎらない。図書館の価値や読書活動振興の必要性を住民や議員に理解してもらう社会的マーケティングも重要な対象分野だが，ここでは，わかりやすくするために，ビジネス支援サービスを例にあげて，マーケティングの実施内容を構成するマーケティング・ミクスの概要を説明する。

マーケティング・ミクスは通常4Pと呼ばれる4つの要素で構成される。

第1の要素は製品（Product）だ。「製品」は物理的製品だけをさすわけではない。サービスはもちろん，禁煙運動のような思想や選挙戦の候補者のように人材も対象になる。ビジネス支援では，「サービス」が提供すべき製品である。

ビジネス支援サービスはいくつかのサービスから構成される。その全体を製品ミクスという。そのうちの情報提供サービスだけをとっても，文献検索，商用データベース検索，類縁機関紹介，デジタルアーカイブの利用や現物資料の提供等の種類があり，製品ラインを構成している。製品ラインの「長さ」は，情報提供サービスの種類の多さで決まる。そのなかの文献検索を例にとると，

どれだけの文献が検索対象になるかによって，サービスの「深さ」が測られる。さらに，ビジネス支援は，情報提供サービスだけではない。コンサルティング，講座や交流会の開催，ビジネスマンへの書斎機能の提供等，別の製品ラインが考えられるが，それらは製品の「幅」を広げることになる。

　このように，製品ミクスは，長さ・深さ・幅をもった複雑な構成物であり，そのなかのどの部分を強化すべきか，どのように組み合わせるかなど，サービス提供にあたって，きちんと把握しておく必要がある。

　第2の価格 (Price) は，無料の原則を標榜する公共図書館にとって扱いにくい要素だ。しかし，価格設定の目的は，収益やコスト回収だけにあるわけではない。ビジネス支援サービスのように，サービスの高度化と多様化が必要とされ，選択性が高いサービスについて，すべてを無料で行うことはサービスの幅を狭め，さらに利用者間の不公平を招くおそれもある。利用の適正化や費用負担の公正さ等の観点を加味した，公共機関としての新たな価格設定方針が必要になっている。

2　マーケティング・ミクス：流通（場所）とプロモーション

　第3の要素は場所 (Place) だが，移動の重要度が高くなるにつれて，流通 (Distribution) の概念が使われることが多くなっている。「適切な製品を適切な時間に適切な場所で」提供するための諸活動を示す。製品が提供される場の要素と，製品生産の場と提供の場を結ぶ流通経路の2つの側面があり，工業製品のような物理的製品の場合は，後者の流通経路の比重が大きい。ところが，図書館の主力製品であるサービスは，生産（サービス行為の発生）と提供（サービスの利用）が同じ場所で行われることが一般的で，アウトリーチサービスや移動図書館サービスは別として，これまで流通経路はあまり問題にされることはなかった。

　図書館サービス提供の「場」を構成するのは，空間的位置だけではない。図書館への到達難易度（交通の便，駐車場の有無等），サービスの提供方式，提供窓口の数と外観，サービス時間（開館時間，提供速度）など多くの要因が含まれる。

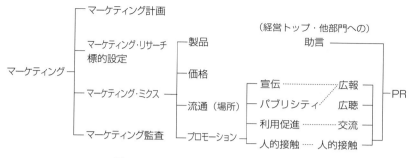

図 8.2　マーケティングと PR の対応関係

　一方，近年の通信技術等の発達により，図書館でも流通がマーケティングの大事な要因になってきている。たとえば，以前は図書館の OPAC は，その場に行かなければ利用できなかった。しかし今やインターネットで検索し，資料貸出の予約ができることがあたりまえになっている。いずれ大学図書館のように，オンラインでのデジタルコンテンツの提供もサービスの俎上に載ってくるだろう。

　プロモーション（Promotion）がマーケティング・ミクス第 4 の要素だ。製品（ここではビジネス支援サービス）の価値を伝達し，それを利用するように標的対象者を説得するための活動をさす。

　その方法には，宣伝，パブリシティ，利用促進活動（PR であげた交流に相当），人的接触の 4 つがあり，PR の手法と共通する部分が多い（図8.2）。製品（サービス）等他の 3P の特性に応じて，この 4 つの手法を組み合わせる（プロモーション・ミクスという）ことが，最大の訴求効果をあげるためには必要だ。ビジネス支援サービスは，日本の公共図書館では珍しくパブリシティがある程度成功した例といえるが，肝腎のサービス（製品）自体の構成が不十分なケースが多かったようだ。

3　マーケティングの実施体制

　マーケティングは，経営戦略に位置づけられたマーケティング計画に基づき，

多くの経営資源を投入して行う活動である。したがって，ニューヨーク公共図書館や英国図書館など欧米の大図書館は別として，通常は規模の小さな公共図書館が本格的にマーケティング活動を行うことは難しい。

しかし，利用者の拡大や新規サービスの普及を目的とした利用促進活動は各図書館で日常的に行われており，それらの活動に際して，マーケティングの考え方と方法を意識して行うか否かで，その効果も大きく違ってくることは，これまでの欧米非営利組織におけるマーケティングの成功例をみれば明白である。

一般の公共図書館でマーケティング「的」活動を行うためには，組織とスタッフの整備が不可欠だ。

組織といっても恒常的なものである必要はない。もちろん，専任ユニットの存在が望ましいが，臨時にプロジェクト・チームを編成することが日本では現実的だろう。マーケティングは，優れて意思的活動なので，組織的な裏づけがなければ，実効性のともなった活動はおぼつかない。また，図書館スタッフを含めた経営資源をある程度集中的に投入する必要があり，全館的な協力がなければ実施は不可能だ。その意味で，館長のリーダーシップと調整機能が重要な役割を果たす。

マーケティングの思想と方法を理解したスタッフを確保していくことも今後の重要な課題だ。さらにそれ以前の問題として，日本では公共図書館がマーケティング活動を行うことに違和感や反発心をもつ職員も少なくないと思われる。職員の意識改革は，公共図書館を今後利用者指向・マーケット指向に変えていくためには，避けては通れない。ここでも館長の手腕が問われることになる。

考えてみよう・調べてみよう

1. 図書館の所属する自治体の首長（市町村長）に対して，有効な PR を実施したい。どういう内容で，それにふさわしい方法が考えられるだろうか。
2. 図書館の新規サービスを考える立場にいるとしよう。対象とする利用者群（潜在的利用者群）を想定したうえで，それにふさわしいプロモーション・ミクスを構成してみよう。

読書案内

荻原誠『広報力が会社を救う』毎日新聞社，2003年

玉村雅敏『行政マーケティングの時代：生活者起点の公共経営デザイン』第一法規，2005年

西田清子『図書館をPRする』日本図書館協会，1997年

柳与志夫『文化情報資源と図書館経営　第8章，第10章，第11章』勁草書房，2015年

コトラー，P.&アンドリーセン，A. R.（井関利明監訳）『非営利組織のマーケティング戦略』第一法規，2005年

経営戦略策定のための調査・分析と評価

❏本章の要点

　組織の経営環境・経営資源分析の上に立って，組織目標を明確に掲げた経営戦略を立てる必要がある。そのためには日頃から役に立つ情報を収集し，分析する体制を作っておかなければならない。また，計画の作りっぱなしではなく，その実施成果を常にレビューし，次の計画策定に役立てることが重要である。

第1節　戦略計画をつくる

1　経営戦略の必要性と環境分析

　組織の経営資源には，ヒト，モノ，カネ，情報，時間，制度・文化がある。これらの資源をどれだけ獲得し，どのようにそれを組み合わせて各事業に配分するかが経営戦略の本質だ。経営環境や経営方針が変化すれば，それを受けた経営戦略も常に更新していく必要がある。

　日本の非営利組織，とくに公的機関は長い間，経営環境の変化に組織全体として迅速に対応することを怠ってきた。また，組織目標を組織内外に明確に示すという組織文化もなかった。官庁会計や公務員制度の制約もあった。こうしたことが，事業ごとの年度計画や中・長期計画はあっても，組織全体の経営資源の配置を考える経営戦略が策定されてこなかったことの背景だろう。

　戦略計画をもたないことの最大の欠点は，組織全体の目標が組織およびその構成員に認識されず，効果的・効率的な経営資源配分ができないことだ。また

組織目標が明確でないこ
とは，経営がうまくいっ
ているのかいないのかの
判断基準がないことを意
味している。仮に個別の
事業のいくつかが成功し
ても，組織全体の経営は
失敗してしまうことがあ
る。

経営戦略策定の出発点
は，適切な経営環境の分
析にある。それも一般的

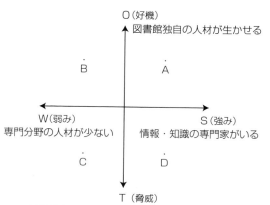

図9.1　SWOT 分析の例（図書館の人的資源）

な環境分析ではなく，組織の位置づけと今後の方向性を考えるうえで影響を与
える要因を析出して，構成することが肝要だ。その方法のひとつにSWOT 分
析がある。

これは，横軸に組織の強み（Strength）と弱み（Weakness），縦軸に関連する経
営環境として好機（Opportunity）と脅威（Threat）をとり，組織の経営環境を分
析する方法だ（図9.1 参照）。

ある図書館の人的資源をマッピングすると，以下のような例があげられる。

● A：「経験のあるレファレンス・ライブラリアンがいて (S)，暮らしや仕事
　　に密着した情報支援サービスが社会的に求められている (O)」
● B：「職員が高齢化しており，数年で半数近くが退職する予定だが (W)，
　　司書を希望する若い臨時職員が全国に大勢いる (O)」
● C：「法律・医療・ビジネス情報等支援サービスができる専門知識をもっ
　　た職員が少なく (W)，しかも各専門機関で情報提供サービスを重視しは
　　じめている (T)」
● D：「目録や分類など資料の組織化に詳しい人材がいるが (S)，検索エンジ
　　ンの検索性能も向上している (T)」

このような資源ごとの分析と，それを統合した組織全体のSWOT分析が可能である。

2　経営戦略策定

環境分析を行い，図書館の現在おかれている立場と今後の方向性を見出したら，次にそれを現実化する計画をつくる必要がある。それが戦略計画書だ。もちろん名称は，「今後5年間でA図書館として約束すること」でも「A図書館年度計画」でもなんでもかまわない。要は，内外の関係者に年度ごとまたは中・長期経営戦略を明示することにある。

計画書で最初に確認しなければならないことは，その図書館の使命だ。それがあやふやなままだと，社会状況や一時的な利用要求で経営方針が右往左往しかねない。

使命と冷静な環境分析・戦力（資源）分析に基づいて，いくつかの経営目標を設定するのが次の段階だ（戦略レベル）。その際に，いくら「公共図書館として〜すべき」という理念があっても，SWOT分析の結果難しいと判断した場合は，無駄な経営資源投入となるような目標設定をしないことだ。

仮に，「学校支援サービスの充実」が目標のひとつに選ばれたとしよう。次に必要なのは，その具体策とその実行を可能にする資源配分計画だ（戦術レベル）。たとえば，自治体内の公立小中学校への司書派遣が具体策のひとつとなれば，スタッフや予算の手当てが必要になる。

こうした具体策一つひとつについて，実施のための運営要領とそれに必要な個別の経営資源の見積もりが作成される（作戦レベル）。

戦略計画書に盛り込むのは，戦略・戦術レベルまでで，それ以下の実施計画は個別につくればいい。実際これまでも，戦略計画書とは名づけなくても，各図書館ではさまざまな事業計画書をつくってきたはずだ。大事なことは，計画のレベルを区別し（戦略から作戦レベルまで），それを構造化することによって，図書館全体として何をめざしているか，図書館内外，先ずは図書館スタッフにはっきり自覚させることである。

戦略計画書は，計画作成自体が目的化した，昔の社会主義5カ年計画のようなものではない。経営環境は日々変化し，また環境・資源分析上は有望だった事業も，実際にやってみれば思わぬ障害に見舞われることも少なくない。状況の変化に応じた計画変更は当然のことだ。

3　英国図書館の場合：中期戦略計画の事例

中期的な戦略計画の積み重ねが，組織の大きな変革につながることを示す例として，国レベルでの例になるが，英国の国立図書館である英国図書館（The British Library）を紹介したい。規模の違いはあるが，その企画・実施のステップ，対象とすべき業務内容などは，日本の公共図書館レベルでも十分参考になると思われる。

英国図書館は，大英博物館図書館などそれまでいくつかあった国立の図書館を統合するかたちで1973年に成立した。その成立は国家レベルの学術・情報戦略の結果だが，その後1985年から，4次にわたる戦略計画書と2001年にそれまでの区切りをつける事実上の第5次計画書「新しい戦略の方向」が出され，それに基づく事業展開が進められてきた。各戦略計画書は，4〜8年を視野に入れた中期計画で，各計画最後の2年間は，次期計画書の最初の2年に重なるように期間が設定されている。

1985〜90年を見通した第1次戦略計画書は，最初の試みということもあり，その検討対象も包括的だったが，蔵書構築と図書館サービスに並んで，図書館協力・情報ネットワークと組織・経営資源が独立した章立てになっており，戦略的に重視されていたことがわかる。

第2次計画書（1989〜94年）では，経営，とくに財務と人材開発に力点がおかれ，外部人材の登用や収益増加など，その後の実際の財務・人事に生かされている。第3次計画書（1993〜2000年）では，情報・知識関連の機関・セクターを横断した協力関係の構築とそこでの指導性発揮がうたわれ，ICTの積極活用も強調された。この点は実際の政策に大きく反映され，その後の図書館情報政策再編においては，国の中核機関としての役割を担うことになった。また

英国図書館における電子情報資源の収集と利用体制の整備にもつながっている。

　その後の第4次計画書（1999〜2002年）と第5次計画書にあたる「新しい戦略の方向」を通じて，英国図書館は，組織目標を明確化し，それを実現するための蔵書や人材などの経営資源の確保とその効果的配分を実現してきた。当然ながら実際の運営が計画通り順調に進んだわけではない。社会状況の変化や実施上の思わぬ失敗もあったが，それを前提とする試行錯誤のなかで柔軟な運営を行うという経験主義的態度が，計画書による合理主義とあいまって，いまや英国図書館を世界のリーダー的役割を果たす国立図書館に押し上げたといってよい。

　なお，その後も「図書館の再定義：英国図書館戦略計画2005-2008」「戦略計画2008-2011」「戦略計画2011-2015」「2020ヴィジョン」「知識が大切2023-2030」と，英国図書館における戦略計画の策定は続いている（表9.1）。

表9.1　英国図書館の戦略計画書（1985年版と2018年版の比較）

第1次計画（1985-1990）目次	2018年版計画（2015-2023）　優先目標
・英国図書館と社会	・ロンドン本館の将来計画策定
・これからの戦略	・ボストン・スパ別館の継続発展
・新しい英国図書館の建物	・諸学問の研究及びデジタル革新支援
・蔵書構築	・ビジネス，文化，教育分野での協働拡充
・サービス	・国際協力の発展
・図書館・情報ネットワークとの関係	・英国の音楽・音響コレクションの保存の取り
・組織と資源戦略	組み強化

（出所）The British Library, *Advancing with knowledge : the British Library strategic plan, 1985-1990* および同ホームページから作成

第2節　戦略を支える調査と研究

1　図書館にとって必要な統計調査とは

　図書館の経営環境を分析することの重要性については，たびたびふれてきた。そして，分析するためにはその素材となるさまざまなデータや情報を集める必要がある。人口動態調査や世論調査など既存の統計調査が基礎的データとしては使えるが，図書館独自の目的にあった統計は不可欠だ。

一般の公共図書館では，蔵書数，年度の増加冊数，来館者数，館外貸出資料数，登録者数などの図書館サービスにかかわる統計と，職員数，予算等管理関係の統計がこれまで中心的なデータとされてきた。

　ここで考えなければならないのは，こうした統計にはどういう意味があるのか，そしてそれらを図書館経営の改善にどのように生かせるかということだ。たとえば，来館者数が去年より5％増加したとしよう。それは図書館のサービス向上が評価された結果だろうか，それとも社会的に図書館で時間をつぶそうとする人が増えたからだろうか，あるいは……，というように，全体数の変化しか数字がなかった場合，実はその原因はほとんど判断不可能である。もし，利用者の年代，職業，時間別利用，資料利用パターン，図書館内施設別利用度等のデータが合わせてあれば，増加の理由を推測することは容易になる。

　同様のことは公共図書館でとられている多くの一般統計についていえる。つまり，「なんのために」その統計を利用するかを明確にしてデータが集められなければ，全体の入館者数や貸出冊数だけがわかっても，ほとんど図書館サービスや図書館経営の改善に役立てることにつながらないのだ。

　たしかに昔の図書館は，蔵書数や職員数の違いで，その図書館が使えるか使えないかの目安になっていた。しかし現代では，蔵書数5万冊で電子ジャーナル5千タイトルのA図書館と，蔵書数50万冊だが，電子情報資源は使えないB図書館のどちらがよい図書館か，簡単には判断できない。

　これまでの図書館統計は，現代の統計学の水準からいえば，統計とはほとんど名ばかりで，単純な出現数の累積だった。経営資源としての情報とデータを集めるためには，公共図書館においても，収集目的と分析観点を明確にした，意識的な統計調査が必要になってきている。これは一公共図書館の努力でできることもあるが，図書館行政当局や図書館情報学会，図書館関係団体などが果たすべき役割は大きい。

2　情報収集と分析

　統計調査で知ることができる情報やデータは重要だが，調査の方法はそれだ

けではない。文献調査（インターネット利用も含めて）と有識者・関係者からの意見聴取は，経営判断のための貴重な情報源になる。

『コンドル』というロバート・レッドフォード主演の古い映画がある。主人公の CIA 局員が政府の絡んだ陰謀に巻き込まれるというストーリーだが，おもしろいのは主人公の担当業務だ。通常「CIA」で想像するような秘密工作員ではない。毎日の仕事は，世界各国で出版される小説を分析することにある。

実は CIA の情報員の多くは，公表された情報の分析にあたっており，非公式あるいは非合法的に入手する情報はそれほど多くない。CIA が何億ドルもかけて非公式に入手した外国政府の情報が，現地に行ったら地元新聞に出ていたという笑い話もある。要は，関連する各種情報・知識を背景に，その情報をどれだけきちんと分析できるかにかかっているのだ。

インターネットの出現によって，出版物しかなかった時代とは比較にならない情報量が入手できるようになった。その一方で，情報の信頼性を確認することの重要性が高まっている。図書館界の動向や新しい情報技術，広く情報や知識にかかわる社会状況に関して，信頼できる情報源・情報媒体を確保し，それを定期的にチェックすることによって，図書館業務の改善や経営改革に役立てるためのしくみ（たとえば，月 1 回の全館員による動向ブリーフィング会議の開催）を図書館内につくっておく必要がある。

関係者や有識者からの情報入手と意見交換も大事な情報源だ。他では得られない情報が得られ，意見を聞くことで自分たちの考えや情報の偏りを正すきっかけにもなる。それは，PR 活動の絶好の機会でもある。その一方で，気をつけなければならないのは，当事者のバイアスがかかった情報であることを承知したうえで入手すること，そして複数の情報源に当たることだ。

3　研究成果を生かす

図書館経営にかかわる情報を大量に収集したり蓄積したりしても，それだけでは意味がない。実際の経営戦略策定や日々の経営判断に生かしてこその情報価値だ。とくに将来を見越した経営戦略を策定するためには，断片的な情報で

はなく，それらを分析し，関係する情報を収集するための調査を行い，それによって得られた情報と知識を総合し，考察すること，つまり研究活動が必要になる。

　図書館は歴史的にその時々の情報・メディア技術を積極的に取り込んできた。規格化されたカード目録やマイクロフィッシュの活用はその一例だ。当然ながら現代では，情報・コミュニケーション技術（ICT）が，図書館で使われる技術開発の中心的役割を果たす。

　一般の公共図書館が，政府や大企業のように独自の研究開発組織をもつことは，経営規模の点からいって不可能に近い。図書館にかかわる学協会や図書館行政の貢献すべき分野だ。しかし各図書館でも，現場で求められている研究成果や ICT のニーズをとらえ，研究者等に伝えることはできる。そして，実際の図書館サービスや運営に適用できるかたちで彼らの研究成果を受け入れるためには，図書館研究やそれにかかわる技術動向を把握し，その有用性の程度を理解しておく必要がある。そうしないと，その図書館本来の必要とは無関係に，最新の図書館向け ICT というだけで大きな予算を使って導入してしまうことが起こりうる。

　今後の公共図書館にとって重要な研究開発分野を，以下に５つあげておく。

　① 新しい ICT の図書館への適用
　② 図書館サービスと運営の改善に寄与する経営論
　③ 図書館の社会的・文化的役割の再構築
　④ 利用（者）研究
　⑤ 情報検索の原理的・技術的研究と読書・情報リテラシー研究との関連性

第3節　経営評価

1　何を評価するか

　経営戦略計画は，策定することが目標ではない。計画どおり実施すること，そして，どの程度まで目標が達成されたか，されなかったとすればその原因は

何か，どのように改善をはかればよいか，を検証する必要がある。実施結果の評価は，計画策定と同時に評価項目等を決めておき，計画期間が終わった総括として行うことが多いが，その実施期間中に適切なモニタリングを行い，計画の変更や資源配分の組替えに結びつける場合もある。戦略計画を決定したからといって，経営環境の変化や業績を無視して，最後まで当初の計画どおり推進しようとすることほど愚かなことはない。事業遂行の評価は，その意味でたいへん重要な仕事だ。

評価を適切に行うためには，①何を評価対象とするか，②どのような観点で評価するか，③何を評価指標とするか，④達成目標と評価基準をどう設定するか，の4点を決める必要がある。

何を評価の対象とするか，は評価の原点だ。その図書館が，何を経営目標としているかを明示することを意味している。評価しやすい対象や図書館界で一般的な対象を安易に選んではならない。また，図書館側の一方的な思い入れではなく，関係者や利用者が図書館に何を望んでいるかも考慮する必要がある。

評価対象とする分野のバランスも重要だ。図書館サービスの各分野が中心になることは間違いないが，管理運営，社会的認知，人材養成などにも目配りがほしい。ただし，欲張りすぎて評価対象が多くなりすぎても困る。きちんとした評価をするためには，対象項目の設定からデータ集め，分析・評価と，かなりの労力を要する。そのために多くの経営資源を使うことになってしまっては，本末転倒である。

評価対象が決まったら，今度はそれをどの観点から評価をするか考えなければならない。たとえば，児童サービスのなかから，お話し会を評価対象項目に選んだとしよう。参加者数の伸び，リピーターの増加，参加者の内容・性質，参加者の満足度，住民の認知度など，その事業のどの部分を評価しようとするかで，評価指標の選び方はまったく違ってくる。お話し会を行うことで何を達成しようとしているのか，図書館サービスの経営目標がまさにそこで問われている。

2　評価指標の設定

　評価対象項目と評価の観点が定まれば，次に評価指標が必要だ。上記のお話会の例でいえば，参加者数，リピーター数，参加者の年齢・地域等分布，理解度・満足度，保護者の認知度等があげられる。

　一般に評価には，定性的評価と定量的評価があり，コレクション評価，資料利用の評価等の分野ごとに両方の観点から行うことが望ましい。

　定量的評価の場合は，評価のために収集した測定データを指標化する。要するに，数字で評価できるようにするわけだ。昔から使われている例でいえば，蔵書数，来館者数，館外貸出冊数，登録率などである。しかし，これらの指標はさまざまな条件のもとでその評価の解釈が異なってくるので，いまでは「週日の午後6時から8時までの年齢別・職業別来館者数」のように，条件を明確化して測定しなければ，あまり有効性がないと考えられている。

　定性的評価は，チェック項目をあげた評価表や定性的な基準（このサービスに満足した，やや満足した，……など）を使い，それを点数化して評価指標とすることも可能だが，必ずしも指標化する必要はない。有識者によるコメントも，大事な定性的評価になる。

　表面的な効果だけでなく，コスト・時間・労力等の要素と，その費用対効果の要因分析を含めて，図書館のサービスや運営を評価するため，近年欧米でパフォーマンス指標の開発が盛んとなり，それが発展して1998年に国際標準化機構によって国際規格（ISO 11620）となった。それを受けて，2002年にはJIS X 0812（図書館パフォーマンス指標）が策定され，この分野の標準化は進んでいる。

　指標を設定する場合，事前に達成目標値を立て，恣意的な解釈を許さないための評価の基準値を定める必要がある。一般的な指標については，外国の事例を含めて，国や協会等が提示した基準があるが，独自に設定しなければならないこともあるだろう。また，達成目標値はあくまで図書館経営改善の手段のひとつであり，それを達成するために他の図書館活動が犠牲になるような目標とするべきではない。

表 9.2 新しい図書館評価指標の一例（千代田区立図書館令和４年度評価）

左の コンセプト	サービスの方向性	パフォーマンス指標	館名	令和4年度 目標値	令和4年度 実績	達成率	令和4年度総括
	基礎数値	入館者数	千代田	283,896	302,006	106.4%	3月は開館日数が通年の6割ほどとなったため入館者数も減ったが、通年では前年より増加。次年度は以前より増やすよう、本館を中心に工夫に努める。
			日比谷	351,283	450,469	128.2%	年度途中より増加傾向にあった。次年度も快適にご利用いただけるよう、継続して配置していきたい。
			四番町	122,111	120,542	98.7%	下半期は毎月1万人前後と安定している。引き続き利用促進に努めたい。
			昌平	52,138	59,832	114.8%	昨年より6毎月の入館者数は増加傾向にあり。コロナ禍以前の数値に近づけるよう、利用促進に努めたい。
			神田	89,737	89,506	99.7%	3月の休館期間があったが、区五民以外の利用が増える傾向にあり、引き続き地域の図書館として利用いただけるよう組織を図りたい。
		貸出点数÷区民の割合 毎月の平均値	千代田	55.0%	52.2%	94.9%	コロナ禍の制限緩和とともに区民以外の利用が増える傾向にあり、予約件数と当初見込みは上回っていないものの、目標値には達しなかった。
			日比谷	6.0%	5.2%	86.2%	コロナ禍の緩和による区民以外の利用が増えた結果の数字であると感じる。貸出冊数につなげる蔵書の魅力力を引き出していきたい。
			四番町	83.4%	83.5%	100.1%	年度を通じて区民の割合が8割超となり、目標値をクリアできた。
			昌平	58.0%	55.9%	96.3%	昨年度より実績値がわずかながら低下して、目標を達成できなかった。継続して区の利用促進に努めたい。
			神田	60.0%	58.6%	97.7%	3月に開館していた区在住者が一般利用者が前年比でピークを下回った。区内在住利用者の割合は目標値を下回った。
	【新規】	Web図書館利用件数（貸出件数）	5館計	21,981	19,638	89.3%	月ごとの利用件数に波があるため、より細かい要因の分析が必要。魅力あるタイトルを設定をしていただくなど、未達分の改善、来期も週毎の情報発信と内容の充実を図っていく。
		ホームページアクセス数（サイトへのセッション数）	共通	1,827,640	1,527,115	83.6%	入館者数が年度末を迎えて一定ではあるが、こちらは100％を譲れなかったため、企画利用等に意識しながら回収に努めた結果、増加となった。
①千代田コンセプト		館合同（連携）イベントの企画数	5館計	5	6	120.0%	同チーム、同時開催を含めての連携件数は増えている。今後は相互協力を図りながら展開していく。
		文化資源の情報発信拠点として、文化資源等及び区内の美術館、博物館、大学との連携企画数	千代田	7	11	157.1%	区外発信の正常化、および公共文化大学や区大学との連携が強く意識した企画展開を一部ではと連携展開を推進した結果、増加となった。
		周辺情報・区内情報の発信・提供（掲示、情報誌、もしくはブログ、ツイッター等）発信	千代田	4	6	150.0%	日本文化など大学などの企画展を各方面に連携して、文化関連情報を発信した。
		各種企画の満足度	千代田	30	42	140.0%	コロナ禍の地域情報編集を増やすことで、目標をクリアすることができた。
		地域の変化との連携企画数	日比谷	700	681	97.3%	SNSを活用しながら情報発信という仕組みが完成し実現した情報発信力となった。次年度もより細かい情報発信を心掛けたい。
		各館の満足度	日比谷	93.0%	92.6%	99.5%	偶々なテーマや目標値を設けながら運営し、テーマに沿った講座を提供できている。平均して高い満足度を得ることができた。
		テーマに沿った講座の提供	日比谷	6	6	100.0%	古書店は正常に近しなっているが、出版社と関連施設コロナ明け下で順調に、次年度より区ユーザー資料の充実に努め、今後もコーナー資料の再検討も再検討も再検討を要する。
②セカンドオフィス機能としてのビジネス資料の実充実をはかる		ビジネス関連図書の満足度（アンケート） 年2回を実施予定	千代田	85.0%	84.5%	99.4%	目標にはおおむね及ばなかったが、高い満足度を維持している。今後もコーナー資料の充実に努め、満足度をアップさせていきたい。
		日比谷カレッジと図書館フロアの連携企画数	日比谷	87.9%	92.9%	105.7%	時勢に沿った連携が評価されたと感じる。引き続き、社会の動向を注視しながらの収集に努める。
		特別研究席利用者数	日比谷	20	21	105.0%	講座への通い、関連書籍の展示の情報発信を積極的に行い、図書館機能と連携し事業を展開した。
		テーマ別オフィス機能	日比谷	3,500	2,712	77.5%	土日祝の利用者が予想より下回るが、令和5年5月の新型コロナの5類移行の推移を注視したい。
③区民の書斎		新規利用登録者数のうちの千代田区民の割合（区民の登録数含む）	千代田	4,366	3,381	77.4%	システム更新体制が整った区外コンスタントに利用いただけだけれ、次年度は目標値の設定よりより一層の利用者増加を目指していく。
		新規利用登録者数（日比谷含む）	日比谷	1,450	1,706	117.7%	休館期間を除きほぼ安定した利用件数となった。資料収集体制手法として、より一層の情報発信に努めていく。
		研修実施回数（接遇・マナー等）	5館計	5		95.7%	区外からの外部研修も参加したいと考えているが、内部研修・外部研修とも引き続き実施していきたい。次年度は、一層のスキルアップに努めたい。
		研修実施回数（接遇・マナー等）	千代田	18.8%	18.0%	106.0%	コロナ禍の影響が緩和されつつあり、様々な研修や研究を主に積極的に参加し、専門知識の取得と活用に広げていきたい。
		区民1人あたりの蔵書数	日比谷	50	53	122.0%	全館的に収支が好調で蔵書数も増やし、一方で採購一定して増やすことこはからなり困難。
		区民1人あたりの蔵書数（5館計）	5館計	60	73		
			5館計	9.9冊	8.9冊	89.1%	全館的に収支が好調で蔵書数は増やすため、区民を含めた人口全体で増やすことこはからなり困難。蔵書構成のあり方を再検討したい。

区分	指標	館	目標値	実績値	達成率
③区民の蔵書	・利用者の満足度（実際者調査より）千代田・日比谷は年度内に2回。他1回	千代田	90.0%	95.8%	106.4%
		日比谷	90.0%	98.4%	109.3%
		四番町	90.0%	96.9%	106.6%
		神田	90.0%	98.0%	108.9%
	・蔵書回転率　貸出冊数（相対合）の総蔵書数（調査：四半・常潤本合）に対する割合　※R4年度からは毎月1回の平均値	千代田	9.9%	8.8%	88.9%
		日比谷	4.1%	4.9%	119.6%
		四番町	17.4%	19.3%	110.9%
		昌平	14.5%	16.8%	116.2%
		神田	29.0%	36.4%	125.7%
	・集中選定の蔵実と実行計画関係　蔵書の有効活用・特別展示の一層の充実　・一般図書展示回数　図書フロアアイディアでの実施　[新指標]昌平、神田は展示用、（千代田は企画展示用）	日比谷	197	218	110.7%
		四番町	36	34	94.4%
		昌平	12	21	175.0%
		神田	6	7	116.7%
	・蔵書の満足度（実際者調査）	千代田	85.7%	85.3%	99.5%
		日比谷	87.0%	90.7%	104.3%
④クリエイトするイベント・講座	・特別研究入室者数　2回目実施	日比谷	6,000	6,275	104.6%
	・児童資料展示回数（中高生向け含む）	千代田	36	35	97.2%
		四番町	24	44	183.3%
		昌平	12	15	125.0%
		神田	12	12	100.0%
	・おはなし会参加人数（四番町は、定期以外の参加者含む）[新指標]	千代田	80	182	227.5%
		四番町	600	893	148.8%
		神田	120	212	176.7%
⑤ファミリーリテラシー	区民の子どもを中心としたファミリーリテラシー向けのイベント・展示企画の充実　・子ども読書調査における小学生の不読者の割合（指定した1か月に読んだ本が0冊の子どもの割合）[新指標]	読書の振興	2.0%	4.2%	47.6%
	・子ども読書調査における中学生の不読者の割合（指定した1か月に読んだ本が0冊の子どもの割合）	読書の振興	8.0%	15.8%	50.6%
	・乳児サービス利用数	神田	20	21	105.0%
	・親子参加イベントにおける区民参加率	千代田	90.0%	84.0%	93.3%

（出所）『千代田区立図書館年報　令和4年度版』6 パフォーマンス指標及び総括　pp.29-30
https://www.library.chiyoda.tokyo.jp/about/annualreport/

第9章　経営戦略策定のための調査・分析と評価　111

3　評価体制

　図書館評価を現実の業務・サービスの改善に役立たせるためには，蔵書数や来館者数のような全体量の測定に基づくマクロ評価ではなく，その館の実態や目標に沿って，図書館経営の諸要素に対してその要因や問題点の分析を可能にするミクロ評価を行う必要がある。貸出冊数が昨年度より 10% 上がった，下がった，だけの結果で一喜一憂するものではない。しかし，たとえば ISO で定めたパフォーマンス指標のなかには，「人口当たり来館回数」のように比較的低コストでデータを取りやすいものから，「開架からの資料探索所要時間」や「貸出当たり費用」のように，正確なデータを入手するためには，かなりの労力とコストがかかるものまであり，選択が必要だ。

　このような定量的調査であれ，チェックリスト等を用いた定性的分析であれ，そこで得られたデータや情報に基づいて最終的に評価を下すのはあくまで人間だ。

　そこで問題は，誰が評価するかということになる。

　まず，図書館の当事者，とくに館長をはじめとする幹部による評価が第一だ。図書館の経営目標に照らして，その成果を評価し，経営改善に役立てるのである。しかし当然ながら当事者による評価だけでは偏りが生じる可能性がある。第三者評価が必要だ。

　一般に各自治体では，行政評価の仕組みとして内部監察部門による内部監査や外部の有識者，公認会計士等も含めた行政監察が定期的に行われている。その一環として図書館も監察対象となる。

　さらに，図書館独自の評価機関として，図書館法で定める図書館協議会にその機能を担わせたり，評価委員会を独自に設置したり，外部の専門評価機関・専門家に依頼したり，と方法はいろいろあり，自館の事情に合わせて選択すればよい。

　考えてみよう・調べてみよう

　1. 図書館の「居心地の良さ」を評価するには，どのような評価の基準とそれに基づく指

標が考えられるだろうか。

2. 国内の図書館で，戦略目標を策定・公開している事例を調べてみよう。そして，複数の事例が見つかったら，それらを比較してそれぞれの特徴をあげてみよう。

読書案内

大住荘四郎『実践：自治体戦略マネジメント』第一法規，2003 年

戸部良一ほか『失敗の本質：日本軍の組織論的研究』ダイヤモンド社，1984 年（1991 年の中公文庫あり）

日本図書館情報学会研究委員会編『図書館の経営評価』勉誠出版，2003 年

林昇一・高橋宏幸編『戦略経営ハンドブック』中央経済社，2003 年

第 10 章

経営形態の選択と外部連携

❏本章の要点

　情報・メディア環境や利用者ニーズは大きく変化・変動しており，それに応じた図書館経営方針の変化が不可欠となっている。その政策的選択のひとつとして，経営形態の選択や外部連携がある。しかしその場合も，単なる安上がり目的や協力はいいことだという次元ではなく，経営論的観点から考える必要がある。

第 1 節　図書館の経営環境の変化

1　地方自治体の行財政改革と図書館

　都道府県から市区町村レベルまで，地方公共団体をめぐる環境変化は大きい。国政レベルでの官から民へという大きな流れがその背景にある。官の組織に内在していた非効率性や不経済性への批判と，その対応策としての公的事業の民間への移譲だ。さらに自治体行政に大きな影を落としているのが，財政状況の悪化である。2006（平成 18）年にはとうとう夕張市が「破産」してしまう事態となっている。

　公務員に対する批判も，その正当性には議論のあるところだが，継続的に行われている。近年は，給与，年金，宿舎等処遇に関するものが増えているが，「お役所仕事の非効率さ」の印象を市民から拭い去るには程遠い感じだ。

　こうした事態に自治体も手をこまねいているわけではない。第 2 章で紹介した NPM 的手法を導入した改革に取り組む自治体も少なくないが，全体の状況

を覆すまでにはいたっていない。

　公立図書館は自治体の一部であり，当然こうした政治的・社会的状況のなかにある。財政難は資料費や人件費の削減に結びつき，公務員批判や業務の民間開放は図書館の業務委託の拡大につながっている。

　公共図書館界では不思議なことに，図書館を一般行政から切り離されたものとしてみる傾向が長年あった。しかし行政組織の一部としての図書館は，近年こうした自治体経営全体の影響を強く受けざるをえなくなっている。自治体の行財政改革の観点から，図書館経営の改革も考えていくことが必要になっている。

2　本と情報をめぐる環境変化

　出版不況がいわれて久しい。最近はこれまで図書の不振を補ってきた雑誌までもが販売実績を落としている。一方，インターネットの利用は量的にも質的にも広がるばかりだ。多くの大学教師が嘆くように，大学生は本を読む代わりに，インターネットを検索し，それをコピー＆ペーストしてリポートをつくってしまう。また，文字メディアに対する，音楽，映像など視聴覚メディアの比重が高まっていることも確かだ。メディアの変化以上に重要なのは，それを受容する人びとの変化だろう。本を読んで楽しもうとする人より，テレビやゲームに時間を費やす人のほうが増えているのだ。

　本の世界だけをとっても，大きな変化が生じている。売り上げ減をカバーするため，ますます多くの本が出版されているが，一定の質以上の本を出し続けるのは難しい。本であることが，あるレベル以上の情報と知識の提供を保障していた時代は，すでに遠い過去になってしまった。配本のサイクルが早くなり，良書もそのなかにあっという間に埋もれてしまいがちだ。こうした本の不振をカバーするものとして期待されたのが電子書籍だが，売れているのはマンガが中心で，これまでの書籍の世界に代わるまでには達していない。

　もうひとつ重要な変化は，出版物の質を保障する役割の一部を担ってきた学術文献と政府刊行物が，急速にインターネット情報源に移行していることであ

る。多くの大学図書館ではこの変化に対応しようとしているが，公共図書館で
は数台のインターネット端末を館内におく程度にとどまっているところが多い。

　近代の公共図書館は，知識の世界における，出版された本の優位性を前提に
成り立っている。いまやその前提は確固としたものとはいえない。公共図書館
はもう一度自らのおかれた情報メディア環境の変化を評価し，そこでの社会的
役割を再定義する必要に迫られている。

3　利用者の多様性

　一般に公共図書館を含む日本の公共施設では，民間サービス事業者のように，
サービス利用者の属性と利用内容を細かく分析し，それをサービスの改善や新
たなサービス利用者の開拓に結びつけることを日常的に行なっているわけでは
ない。また，新規サービスを企画するにあたって，企業なら当たり前のマーケ
ティング・リサーチが実施されることもほとんどない。利用者（潜在的利用者を
含む，以下同）の嗜好が次々と変化し，多様化しているなかで，公共サービス提
供側の意図と利用者ニーズとの間に大きなミスマッチが生じている。

　公共図書館の利用者層は，その所在地や立地条件によって大きく左右される。
また，都市化や過疎化などによる人口動態の変化も激しい。性別，年齢，家族
構成，学歴，職業，趣味・関心領域，交際範囲，所得，情報リテラシー等の属
性は，情報・知識の利用に大きな影響を与えるはずだ。

　これまで公共図書館では利用者のセグメント化をほとんど行なってこなかっ
た。児童，ヤングアダルト，高齢者，障害者，外国人以外は「大人」ですませ
ていたのが実情だ。つまり，公共図書館の利用は，「一般的な大人が行う読書」
を前提に組み立てられていたといってよい。しかし今や一般的な市民や一般的
な読書のモデルを想定することに無理があるのは明らかだ。仕事の参考になる
資料を探しに来ている人と冷暖房完備のゆっくり眠れる場所を求めてくる人を
同じ利用者として扱っていては，公共図書館が良質な利用者から見限られかね
ない。新しい図書館サービスの方向性のひとつとして，ビジネス支援や医療・
法律・福祉などの暮らしに密着した情報提供を，公共図書館が効果的に行なっ

表 10.1　シンガポールにおける図書館利用者セグメンテーション

セグメント	セグメントの主な特徴	図書館登録
キャリア志向型 (Career minded)	仕事関係やレクリエーションに関する読書に熱心。自己向上を望み，学習意欲が高い。家庭をもつ中年層中心。	79%
積極的情報探索型 (Active Info-Seeker)	仕事に関連するものも関連しないものも読む。企業家精神をもち，物資主義であり，社会的地位を重視する傾向にある。	66%
自己供給型 (Self-supplier)	高所得の若年層。ほとんど図書館を利用しないが，多くの図書を読む。図書は借りるより買うことを好む。	77%
カジュアル読書型 (Casual reader)	独身の若年層。娯楽関連の読物に対する要求が大きい。読書に対する態度が最も積極的。	84%
目的学習型 (Narrow-focused learner)	学生層。主としてカリキュラムに関連する資料を読む。友達と連れ立って，来館する傾向にある。	88%
低意欲型 (Low Motivator)	学習・読書に対する意欲があまりない。家族や伝統には無関心な傾向がある。	63%
ファシリテーター (Facilitator)	高年齢層。主婦，肉体労働者，退職者を含む。比較的，低所得。伝統を重んじる。しばしば子どもを連れて来館する。	33%

(出所) 呑海沙織「利用者のセグメンテーション：シンガポールにおける利用者指向の図書館戦略」『カレントアウェアネス（季刊）』No.289, 2006 年 9 月, CA1602 から

　ていくためには，現代社会におけるビジネスパーソンや生活者としての住民のライフサイクル・性向をタイプ別に分類し，主要なサービス対象を選定して重点的な経営資源投入を行うというマーケティング的観点が不可欠となっている（表 10.1）。

第 2 節　公共図書館の経営形態

1　委託の進行

　公共図書館の業務委託が全国的に進んでいる。とくにこれまで司書職制度をとっていなかった自治体で目立っているが，司書有資格者を独自に図書館職員として採用してきた図書館でも，非常勤職員の大量採用というかたちで，定員削減や正規職員だけではこなせない業務量に対応している場合も少なくない。一定規模以上の図書館で，委託も非常勤職員・アルバイト雇用もなく，正規職員だけで運営されている図書館は皆無に近いのではないだろうか。

　業務委託の範囲はさまざまだ。図書館施設の保守管理や清掃，警備などに限定し，通常の図書館業務・サービスは正規・非常勤職員でまかなう場合から，

貸出・返却カウンター業務を中心とする一般的な利用者サービスあるいは簡易なレファレンス・サービスを委託職員に任せている例まである。

　職員増が認められない，あるいは自治体職員全体の定数削減を背景に，業務量の増大に対応するためにやむを得ず行なっているという消極的な理由以外にも，人件費を中心とする経費削減や窓口応対の向上，開館時間の延長等サービス拡大などを理由に，委託を積極的に進めようという動きがある。また，定型的図書館業務・サービスを委託することによって，創造的・発展的業務に正規職員が集中できるようにするという考え方もある。

　一方，業務委託や非常勤職員化の進行にともなう問題も少なくない。

　たとえば，正規職員と委託職員との関係にかかわる問題だ。委託職員は，図書館と委託先事業者との契約によって，事業者側が雇用する職員であるため，正規職員には直接委託職員を指揮する権限はない。委託職員は，あくまで委託仕様書に基づいた定型的業務を行うことを前提にしているため，業務運営によって得られた知見をサービス改善に生かす機会も限られる。逆に正規職員は，カウンター業務が委託された場合，現場での利用者との接点が減り，サービス改善への意欲が減退してしまうこともありうる。

　非常勤職員化が進むことも大きな問題を引き起こす。一般に図書館の非常勤職員の採用には司書有資格であることを要件にすることが多く，当初は正規職員の補助的業務を行うとされている場合でも，司書資格をもたず，2，3年のローテーションで正規職員が異動してしまうような図書館では，正規職員と司書有資格で長年にわたって図書館業務に携わってきた非常勤職員の間に知識・経験上の逆転現象が生じる。しかも給与体系や処遇は厳然とした格差があるため，労働環境としては厳しい状況となりがちだ。このような職場から新しいサービスの提案が出てくることは難しい。

2　「私立」公共図書館を考えなおす

　自治体経営や公務員制度，メディア環境の変化など，公共図書館や読書にとって社会環境は厳しくなるばかりなのだろうか。実はそうとはいえない現象も

現れている。

　ひとつは，ブックカフェやビブリオバトルに代表される，街中での読書環境・読書活動の拡がりだ。家庭でも図書館でもない，ゆったりと落ち着いた空間で，気に入った飲み物片手に読書を楽しもうとする若い人や高齢者が増えている。これはスターバックスやタリーズカフェなどのカフェで，長時間の読書やペーパーワークをしている人が目立ってきたこととも連動しているのだろう。

　そのような人々の図書館ニーズを先取りしていたと考えられるのが，2003（平成 15）年に六本木ヒルズに設けられた会員制の六本木ライブラリーだ。六本木ヒルズと聞いただけで，いわゆるヒルズ族を相手にした特別な図書館の印象をもつかもしれない。しかし，そこにはこれからの公共図書館経営の参考になるいくつかの要素が含まれている。

　ひとつは，本の貸出を行わず，必要ならメンバーには購入してもらうことにして，ライブラリーのなかでは，49 階からの夜景やカフェ，居心地のいいラウンジなど，自分の知的時間を楽しんでもらうための舞台装置を整えていることだ。のんびり本を読んだり，集中的にパソコンを打ったり，ただぼんやり風景を眺めて考えごとをする，すべて自由にしていいのだ。

　もうひとつ，ライブラリアンが心がけているのは，本を媒介にしたメンバー同士の知的交流だ。そのために，メンバーそれぞれが自分のお薦め本を出してディスカッションするブックナビや，メンバーを講師にしたライブラリー・トーク，メンバーが自分のコレクションを持ち込む展示棚などのしくみを備えている。

　会員制で有料であることも，興味深い。図書館法では，公共図書館として，公立と私立の 2 つの種類の図書館を認めている。現代ではほとんどの公共図書館が自治体で運営する公立図書館であるため，その事実は忘れられがちだが，戦前には多くの良質の私立公共図書館があった。それらは，いまの公立図書館と同じように無料・非会員制の場合もあれば，有料・会員制の場合もあった。

　公共図書館であることと，会員制であったり，有料であったりすることは本来矛盾することではない。六本木ライブラリーでは，「利用者」ではなく，「メ

ンバー」と呼んでいる。それは，利用者が一方的に図書館サービスを受けるのではなく，図書館が提供する知的世界に能動的に参加することを望んでいるからだ。こうした，利用者を図書館サービスの単なる消費者と見なさず，図書館職員と住民・利用者が協働して，図書館を場にして新しい情報や知識を生み出していくための活動をしていく公立図書館が出現してほしいものだ。

3 指定管理者制度

　地方自治体では，各種社会教育施設，福祉施設はいうにおよばず，温泉や遊園地その他，こんなことまで自治体がやるの？というような施設を含めて（これらを「公の施設」という），直営または管理委託で運営してきた。施設によっては，住民のニーズとまったくかみ合わず，また運営方式も武士の商法そのもので，膨大な赤字経営によって自治体財政の大きな圧迫要因になってきたものも少なくない。

　その対応策のひとつとして考えられたのが，指定管理者制度だ（図10.1）。地方自治法第244条の改正（2003年）により，公の施設を，民間事業者を含めた指定管理者に全面的に運営させることが可能になった。指定管理者はその施設を有効活用し，収益をあげることもできる。公共図書館もその対象になった。

　指定管理者の特徴は，自治体側が決めた仕様書通り行う業務委託と違い，施

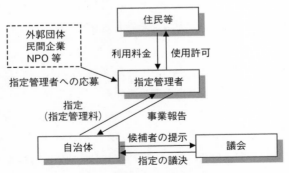

図10.1　指定管理者制度の仕組み

（出所）三菱総合研究所『図書館・博物館等への指定管理者制度導入に関する調査研究報告書』図表2「指定管理者制度の構図」，2010年，p.3

設の運営管理すべてを責任と権限をもって企画・実施することだ。図書館でいえば，毎年の事業計画作成から，館長を含むスタッフの選任，サービスの実施まで，指定管理者の判断で行うことができる。そこでは，民間事業者の経営管理の効率性，新規事業開発のノウハウ，専門的人材の確保等を生かしていく可能性があるといえる。とくに，第3章でふれた，自治体内での専門的職員確保の困難性を解決するひとつの方向性が示されている。

　しかし，こうした指定管理者のメリットは制度的な可能性にすぎず，下手をすれば，経費節減を主目的とした単なる全面委託となりかねない。実際に，本来の指定管理者制度のメリットを生かした図書館運営をしている事例は，全国でも千代田区立千代田図書館などわずかだ。

　指定管理者に運営全般を任せるといっても，自治体の公共図書館経営の責任すべてを放棄することにはつながらない。むしろ，図書館の基本運営方針や自治体全域にわたる図書館サービス計画などの図書館行政と，指定管理者による図書館運営を監督・評価する責任は重い。それはまさに，自治体としての図書館のガバナンスの問題であり，直営であるか指定管理者に任せるかという経営形態の選択を行う前提となる，自治体としての責任なのである。

　非直営方式は，指定管理者制度に限られるものではない。たとえば，地方独立行政法人を図書館に適用することも可能だし，今後新しい制度設計もありうる。要は，住民にとってどのような図書館が望ましいかという自治体当局の政策判断があって初めて，どのような経営形態がそれにふさわしいかの論議が必要だということだ。

第3節　外部との連携

　公共図書館相互あるいは異なる館種間の図書館ネットワークの構築が大きな目標とされた時代があった。しかし本来のネットワークの有効性は，異なる種類の要素が協力し合った場合に生じるシナジー効果にこそある。似たような蔵書構成・サービス内容の図書館が連携しても，あまりメリットは見出せないだ

ろう。

　図書館は長い間，図書館以外の世界にあまり関心を寄せてこなかった。しかし今や，アマゾンやグーグルが図書館目録や情報検索システムの機能を肩代わりしている。膨大な知識世界のなかで，外部機関と連携することによって，世界の情報源への窓口になることが図書館に求められている。当面はとくに以下の分野での連携を重視する必要がある。

　① 出版界

　同じ本の世界にいるにもかかわらず，図書館界と出版界はこれまで疎遠だった。出版不況に心痛めていた図書館員はそれほど多くないし，出版界の方は，無料貸本屋批判に代表されるように，むしろ公共図書館に反発を感じていたといっていいだろう。しかし，電子書籍の時代になってくれば，そうはいっていられないはずである。売ってしまえばおしまい（出版社），買ってしまえばおしまい（図書館）の関係から，利用契約によって両者は否応なく常につながれた関係になる。出版社にとっては，なかなか市場が離陸しないマンガ以外の電子書籍の安定的な販売先として，図書館側からは，利用者へ多様で新しい電子情報サービスを提供するためのパートナーとして，両者の関係を見直していくことが早急に求められている。今後は，公共図書館が古い価値のある蔵書や地域情報・行政情報をコンテンツとして出版社に提供する，出版社は図書館員のノウハウでは編集がうまくできない図書館で収集したコンテンツを電子書籍の形で蔵書として提供するというような，相互互恵的な関係も考えられるだろう。

　② MLA 連携

　従来は，図書館（Library）は主に複製物である紙の本，博物館（Museum）はオリジナルのモノ，文書館・史料館（Archives）はオリジナルの文書，というように扱う資料の性質の違いが理由で，運営やサービスが大きく異なり，相互の連携は極めて限られていた。しかし，所蔵資料や関連情報のデジタル化をきっかけに，共通のテーマをもったデジタルアーカイブの構築という側面から三者の連携を強めていこうという動きが強くなっている。すでに海外では多くの事例が出ており，日本でも，まずは，地域あるいは分野（歴史，美術，科学など），

所属機関（たとえば国立同士）などでの取り組みが望まれる。通常三者の英語の頭文字をとって，MLA 連携といわれる。

③ MALUI 連携

図書館・博物館・文書館は資料・情報の収集・保存機関であり，情報・知識の生産と提供も行なっているが，中心的な機能とはいえない。大量に保存された MLA の情報・知識を活用し，それを知の再生産のサイクルに構成していくためには，情報・知識の生産と利用を担う大学 (University) と産業 (Industry，とくに文化・情報・知識産業) が，サイクルの構成要素に入ってくる必要がある。そこで生まれたのが，MALUI 連携という概念である。

その考え方の根底には，図書，絵画，写真，文書，工芸品，映画などあらゆるメディアを横断して，デジタル化の要素を加味したうえで，それらを文化情報資源として捉え，統合的に活用することによって，学術研究，教育，産業振興，地域おこしなどのさまざまな社会的場面に役立てていこうという姿勢がある。図書館がその中で一定の役割を果たしていくためには，連携の重要な手段であるデジタル化への対応が不可欠である。

考えてみよう・調べてみよう

1. 博物館・美術館や史料館と協力したら，もっとサービスが向上しそうな図書館サービスはあるだろうか。具体的な改善点をあげてみよう。
2. 図書館の運営を地元の図書館好きの人たちが集まるボランティア団体にそっくり任せてしまったら，そのことで改善しそうな図書館のサービスや運営はあるだろうか。逆に何か問題は生じるだろうか。

読書案内

NPO 知的資源イニシアティブ編『デジタル文化資源の活用：地域の記憶とアーカイブ』勉誠出版，2011 年

小林麻実『図書館はコミュニティ創出の「場」：会員制ライブラリーの挑戦』勉誠出版，2009 年

小林真理編『指定管理者制度：文化的公共性を支えるのは誰か』時事通信出版局，2006 年

柳与志夫『千代田図書館とは何か：新しい公共空間の形成』ポット出版，2010 年

柳与志夫・田村俊作編『公共図書館の冒険　未来につながるヒストリー』みすず書房，

第 11 章

図書館情報政策の意義

❏ **本章の要点**

　個々の図書館の経営にとって，図書館情報政策は，大きな影響をもつ経営環境要因の
ひとつである。しかし主要先進国に比べ，日本の国レベルの図書館情報政策の方向性は
明確ではない。また，図書館政策は国だけで作るものではなく，地方自治体や地域のさ
まざまな関係者が論議して形成していくべきものである。

第1節　図書館情報政策の位置づけ

1　重要な経営環境要因としての図書館情報政策

　日常の図書館サービスを見ていると，公的機関とはいえ図書館は政策という
言葉から最も離れたところにあるように感じられるかもしれない。しかし実際
には，図書館情報政策のあり方（あるいは「政策がない」ことを含めて）が図書館
に深くかかわることは，教育政策が学校に，医療政策が病院に大きな影響をお
よぼすことと変わりない。つまり，図書館経営に影響力をもつ重要な環境要因
のひとつなのである。ここで図書館政策とせずに，図書館「情報」政策とした
のは，図書館に対する政策が，より大きな教育，文化，産業，科学技術等の政
策のなかに位置づけられてこそ意味をもち，そこでの共通要素として情報があ
るからだ。

　政策というと国家レベルのものを思い浮かべるかもしれないが，都道府県あ

るいは市区町村レベルでも当然政策はある（または，ありうる）。むしろ公共図書館の現場では，それが属する自治体の政策の影響が最も大きい。しかし長い目で見れば，国や都道府県による図書館情報政策のあり方は無視できない。日本でも東京都や滋賀県がかつて行なった図書館振興策によって，多くの公共図書館が支えられたこともあった。そして，それは国レベルでも同じである。

国レベルの図書館情報政策としては，①図書館のあるべき方向性を指し示す総合戦略の提示とそれを受けた図書館関連法規の改正・新規制定，②図書館に関わる通信網整備，関連規格の標準化，著作権法等関連法規改正などの基盤整備，③地方交付税交付金や補助金による財政援助，④司書養成課程に関わるカリキュラム改正などの人材養成，⑤図書館振興のための全国レベルの普及・啓発活動，などが考えられる。

そこで，国レベルの図書館情報政策の例として英国を取り上げてみよう。英国では1970年代から本格的な国家政策としての図書館情報政策の着実な展開がみられ，欧州その他の国々にとって，参照例となっているからだ。

英国図書館情報政策の出発点としては，それまでの長い検討の歴史はおくとして，国立図書館である英国図書館の成立（1973年）がある。これはそれまで独立・分散して運営されていた各種国立図書館を統合し，あわせて科学技術情報政策を担当していた部門を他省から移管したものであり，図書館政策だけでなく，情報政策も視野に入れた再編成であった。英国図書館の役割は，図書館事業部門の立場で，全国の図書館の中心としての基盤的サービスや支援サービスを担うことにあった。その後，英国図書館は，2012年現在で8次にわたる戦略計画を発表しながら，新しい情報環境に対応したサービスや業務の革新を行い，いまや英国はもちろん，世界の国立図書館のリーダー的地位を保っている。もはや戦略計画とは名付けていないが，近年も「2020年ビジョン」や2023年〜30年の戦略計画にあたる「知識が大切」を発表し，これからの英国図書館の方向性を示していくことを忘れていない。

一方，政策企画部門として，1992年にそれまで教育科学省の下にあった芸術図書館庁を吸収・拡大するかたちで文化遺産省が誕生し，同時に諮問委員会

として図書館情報委員会を組織した。同省はその後文化・メディア・スポーツ省に，委員会も博物館・美術館，文書館も合わせて所管するミュージアム・文書館・図書館評議会に，それぞれ拡張されたが，その役割は，図書館・情報・文化機関の全国レベルでの振興策の企画，補助金の支出，全国的実態調査に基づく図書館サービス基準の提示などである。こうした活動のなかから，全国学習ネットワーク計画などの国家レベルの将来計画がいくつも生み出されてきた。

英国における具体的な公共図書館政策としては，NPM (New Public Management)の影響を受けた行政サービス全体の再編成の一環として，図書館の課金サービスの拡大，市民憲章による顧客主義志向，競争入札制度などがサッチャー政権で導入され，続くブレア政権では，市民の情報アクセス改善の一環として公共図書館におけるインターネット導入促進，読書振興事業，業績評価制度の導入などが推進された。

なお，近年は英国政府部門のスリム化・再編成の動きのなかで，2012年にミュージアム・文書館・図書館評議会が廃止される，地方自治体レベルで公共図書館の廃止・サービス縮小が進むなど，英国の図書館政策は厳しい状況にあり，時の政権の方針による影響が大きいのも確かである。

2 課題の多い日本の現状

日本の図書館情報政策はどうなっているのだろうか。結論からいうと，残念ながら総合的戦略はほとんどないに等しいのが現状である。なにより驚くべきことは，「図書館情報政策」以前の問題で，国レベルで「情報政策」の用語が政策現場で認知されたのは，ようやく1990年代半ばになってからなのだ。それまでは，情報政策は主に地方自治体レベルでの情報システム構築をさすことが多かった。

もちろん，だからといって日本政府に経済・社会の情報化に対応する政策がなかったわけではない。郵政省，通商産業省を中心に，自治省，総務庁，文部省，科学技術庁（いずれも2001年以前の名称）など，省庁ごとにその所掌範囲内での情報化対応策が打ち出され，ニューメディア導入，先進的情報化都市育成，

電子図書館構築などのトピックに応じて，省益をかけた競合関係が生じることもあった。

主に図書館を所管していた文部省でも，生涯学習講座情報システムや学術情報システムのような個別分野の施策はあったが，英国のように関連部門・分野を横断・統合するかたちでの総合的な図書館情報政策を打ち出すことはなかった。とくに，2001 年の省庁再編時に，科学技術情報政策を所管する科学技術庁を統合して文部科学省になったときは，英国に倣った図書館情報政策の形成と関連機関統合の好機だったが，手つかずに終わってしまった。それ以前の問題として，包括的な図書館政策という観点からみると，学校図書館，公共図書館および大学図書館を，同じ文部省内のそれぞれ別の局で担当し，その連携も図られていなかったことがある。

国の情報政策についていえば，ようやく 2000 年以降，IT 基本戦略，e-Japan 戦略，e-Japan 戦略 II（2003 年）が続けざまに策定され，本格的な情報政策形成に踏み出した。とくに e-Japan 戦略 II では，「コンテンツについて総合的な取り組みを推進し，わが国の知的財産を創造すること」が目標として設定された。しかしその中心となる施策は，直接的な経済産業的価値をもつ知的財産保護とコンテンツ産業振興であり，その基盤をなすであろう図書館情報政策形成の必要性を認識するまでにはいたっていないのが現状だ。

第 1 章でもふれたように，公共図書館は法律的・行政的には社会教育の範疇に置かれ，長年文部科学省の社会教育課が博物館や公民館ともども所管していた。その中での近年の一番大きな政策的対応は，2008 年の図書館法改正とそれを受けた 2013 年の「図書館の設置及び運営上の望ましい基準」の改正である。とはいえ，そこに盛り込まれたのは，収集資料の対象に「電磁的記録」（主に電子書籍）を追加し，教育活動の機会の提供や運営評価の導入など，将来の図書館の在り方を見据えた展望を示すようなものではなく，現状に最低限合わせたものだった。そしてその後 10 年以上，政策らしい政策は打ち出されていない。近年の省内組織改編で，学校図書館行政が初等中等教育局の所管を離れ，公共図書館行政と一緒になり，地域学習推進課図書館・学校図書館振興室にな

ったのが，一番大きな変化と言っていいぐらいだ。一方，博物館は社会教育行政から離れ，文化庁の所管となり，文化行政の中に位置づけられることになった。

　情報化政策の中心であったはずの各地方自治体も，政策の内実は庁内業務処理システムの構築が当初の目的であり，電子自治体構想のような市民や企業が利用できる公共的なコンテンツ基盤整備に目を向け始めたのは比較的最近のことである。ましてや，公共図書館を含めた図書館情報政策は今後の課題といえる。

3　アジアの動向

　図書館情報政策に関して，英国と日本の状況を対比的に見てきた。EU を含めて欧州については，程度の差や文化・情報政策の歴史的背景の反映はあっても，英国がひとつの見本となって各国の図書館情報政策が形成されている（あるいは形成されつつある）。また，企業や民間財団の役割の大きさという特徴はあるが，米国も世界戦略としての情報文化戦略（そのなかの図書館情報政策）を展開している。

　このように書くと，欧米はそもそも図書館自体が日本に比べて歴史も古く，発展しているから，という反論またはあきらめが聞こえてきそうだ。しかしアジアでも，中国，韓国，マレーシア，シンガポールなどでは国家戦略として図書館情報政策が位置づけられ，具体的な施策が展開されている。

表 11.1　シンガポールの図書館利用の変化
(1989/2002 年)

年	1989 年	2002 年	増加率
登録者数	63 万 94 人	211 万人	3.3 倍
同人口比率	24％	57％	2.4 倍
蔵書数	237 万点	782 万点	3.3 倍
貸出冊数	926 万点	3210 万点	3.5 倍

（出所）宮原志津子「シンガポールにおける図書館情報政策『Library 2000』の策定と公共図書館の社会的役割の変容」『日本図書館情報学会誌』Vol.52，No.2，2006，pp.90-91 から作成。

　韓国の図書館情報政策は，1990 年代に入ってからの矢継ぎ早の立法措置，関連組織の再編，予算化・制度化によって飛躍的な展開を見せている。立法措置だけでも，図書館及び読書振興法，情報化促進基本法，記録物管理法に続

く 2000 年の知識情報資源管理法の成立によって，知識情報資源の管理と活用が国家戦略上重要な基盤として認識されたことは大きい。そのなかで国立中央図書館の整備もはかられ，図書館政策の企画と実施の中心機関として，文化観光部（「部」は日本の省にあたる）から政策機能の一部を移す，デジタル化や読書振興のセンターをつくるなど，組織と機能の強化が近年目立っている。

　シンガポールは都市国家という特殊な環境にあるが，知識集約型経済への移行こそが将来の生き残りをかけた国家戦略と定め，文化と情報がその基盤をなすと考えた。公共図書館は，さまざまな階層の国民が，国の最も重要な資源である知識と情報を得るために最適の場所と位置づけられ，施設，蔵書，予算，要員のあらゆる面での強化が 90 年代後半から急速に進んでいる。その効果は如実に現れていて，図書館利用者数，図書館蔵書数，資料貸出数などは飛躍的な増加傾向を示している（表 11.1）。

　中国については，図書館の振興だけでなく，学術情報流通や出版産業の再編を含めた広範な図書館情報政策が実施され，中国国家図書館をはじめとする蔵書のデジタル化も大きな進展を見せている。文化部（日本の文部科学省に相当）が主導する全国文化情報資源共有プロジェクト（2001 年〜）では，公共図書館がその中心的役割を果たすものとされている。

　これらの国に共通することは，図書館資料を含む広範な文化情報資源を国家戦略上の重要な要素として捉えていることだ。

第 2 節　地方自治体内の一組織としての図書館

1　教育委員会と首長部局

　公立図書館は，都道府県または市区町村に属する行政組織である。また，そこで働く職員も，いまでは民間の委託職員や指定管理者など多様化しているが，かつてはほとんどが地方公務員であった。したがって，図書館や図書館員であることの特殊性・独自性を主張する前に，地方自治法や地方公務員法の規定の範囲で運営されていることを自覚する必要がある。公立図書館の提供する図書

館サービスは，住民が負担する税金をもとに，行政サービスとして行われるもので，企業やボランティアによるサービスとは基本的に違うものだ。これは当然のことと思うかもしれないが，図書館の現場ではこれまで行政と図書館を対立的にとらえる傾向が少なからずあった。

　その理由のひとつとして考えられるのは，公立図書館が法的には公民館や博物館と同じように社会教育機関と位置づけられており，地方自治体のなかで一般行政部門（首長部局）ではなく，教育の中立性を守る観点から置かれた行政委員会としての教育委員会，正確にはその事務局に属し，しかもその付属機関的な位置づけをされる場合が多いことにあるのかもしれない。

　こうした図書館の立場から，その経営環境要因として，図書館に関する諸規則を定める権限をもつ教育委員会との関係が大きな影響力をもつことは確かだ。そこでの良好な関係抜きで，図書館の運営がうまくいくとは考えられない。一口に教育委員会といっても，議会で選任され，委員会を構成する教育委員と，実質的に教育行政を担う事務局がある。さらに，図書館が事務局内の他の部課と組織上同列の場合と，所管課があり，そのもとに施設機関として置かれている場合とがある。難しいのは，教育委員会はその名の通り，教育，それも学校教育が中心の組織となっていて，図書館の問題が2次的な取り扱いになりがちなことだ。図書館は社会教育の側面と同時に，情報政策や文化政策にも深くかかわっており，教育委員会という枠組みが将来もふさわしいかどうか，重要な検討課題である。実際，東京都千代田区のように，形式的には教育委員会所属のまま，実質的に市民サービス等の担当部局で図書館を管理運営している自治体も出だしている。

　首長部局との関係も，図書館の良好な経営環境づくりには不可欠の要素である。予算獲得では財政部門，職員配置では人事部門との折衝があり，それをうまく運用するためには，ふだんから図書館業務への理解を各部門から得る努力が必要だ。近年図書館が本格的に取り組み始めているビジネス支援サービスでは産業振興部門，医療・福祉情報提供サービスでは厚生部門など，関係する首長部局内の範囲は次々と広がってきている。

2 議会と住民

　図書館が教育委員会に属しているとはいっても，行政部門に属していることに変わりはない。一方，地方自治体を構成するもうひとつの大きな柱として議会がある。その基本的な役割は，条例などの法規制定機能と行政のチェック機能である。

　図書館が行政組織の一部である以上，図書館法や著作権法などの国の法規はもちろん，それが属する自治体の定める条例等に規定されることは当然だ。設置目的や業務・サービスの基本事項を定めた図書館設置条例（名称は自治体によって異なる）は，その図書館にとっての憲法のようなものである。したがって，その制定・改廃の権限をもつ議会との関係はきわめて重要だ。

　もちろん，条例の改廃はそうたびたびあるものではない。しかし，議会におかれた常任委員会への重要案件の報告や予算・決算審議などで関係議員に説明する機会は少なくない。一般に図書館職員は，このような政治的接触を避けようとする，あるいは苦手意識をもつ傾向があるが，図書館活動に対する議員の理解を得ることは，予算獲得や業務の円滑な運営に不可欠の要素だ。住民の代表としての議員への日常的な接触をはかることは，館長だけがやればすむことではなく，図書館全体として取り組むべき仕事なのである。

　自治体の住民は公共図書館にとって3つの顔をもっている。ひとつはサービスの対象者として，もうひとつはサービスの支援者として，そして最後に議員を選ぶ選挙民としての顔である。年齢構成，職業構成，所得配分などの住民の特性によって公共図書館は決定的な影響を受けるが，この3つの側面があることに注意する必要がある。図書館利用者でない人たちも，住民税というかたちで図書館を支えていることを忘れてはならない。

　図書館利用者数の拡大や利用の高度化といった「顧客」，図書館ボランティアや図書館協議会などへの「市民参加」，利用はしないけれど税金で支えることに意義を認める「理解者」など，それぞれの側面にふさわしい住民対応が図書館に求められる。

3　政策に関わる利害関係者

　図書館には，その自治体における図書館政策形成に影響を及ぼすさまざまな関係者（関係機関）がいる（表11.2参照）。ここでは，そのうちとくに，図書館その他の類縁機関，図書館への資源供給者，地域関連団体の3つにふれておきたい。

　図書館の属する地方自治体の地域内または隣接地域に，他の図書館をはじめとするどのような類縁機関があるかを把握し，それらの機関との棲み分け・協力関係をいかに築くかは，図書館運営の基本方針をつくるにあたって必須の検討事項である。すぐ隣の市で，2倍の蔵書をもち，サービスにも意欲的に取り組もうとしている新図書館の建設がわかったときに，従来通りの図書館運営をやっていていいわけがない。では，どうするのか。それを考えるのが地域レベルの図書館政策だ。

　そして，類縁機関といった場合，その範囲は広い。というよりも，その範囲をどうとらえるかが，ひとつの政策判断になる。

　たとえば，市内に中小企業振興センターや医療相談センターがあったとする。旧来の図書館サービスのなかでは，各種文化・学術・情報機関と比べて，こうした機関は類縁機関とは考えにくかった。しかし，ビジネス支援や医療情報提供が図書館の新たな課題になっているなかでは，類縁機関としての位置づけは当然のことだろう。また，その場合に，同じ自治体の産業政策や医療政策との連動・整合性をとることによって，より効果的な図書館サービスを展開するこ

表11.2　公共図書館の利害関係者の種類

種類	具体例
資源供給関係	取次・書店，図書館サービス・製品事業者，委託業者，指定管理者
管理運営関係	議会，教育委員会，職員団体，図書館協議会
サービス対象	一般市民，各種団体，潜在的利用者
競合・協力機関	情報産業，文化・教育機関，他の図書館
社会的影響力を持つ団体・個人	マスメディア機関，市民グループ，経済団体

（出所）筆者作成。

とが可能になる。

　図書館を運営するためには，さまざまな経営資源を外部から補給する必要がある。それは業務委託のような人的資源の場合もあるが，図書館資料や設備のような物的資源，図書館システムのバックアップやオンライン・データベースのようなサービスの場合もある。どのような外部資源が利用可能で，その選択基準をどうするか，それらの資源供給者とどのように付き合うか，これからの図書館経営において，その判断の重要性はますます高まっている。図書館への指定管理者導入の是非に関わる政策判断は，その典型的な事例といえるだろう。

　公共図書館は数ある公共施設のなかでも，住民に最も利用されている施設であり，実際には利用していない人々も含めて地域コミュニティの認知度は高い。その反映が，図書館への期待と批判という両面で現れてくる。市民団体，NPO，町内会，職能団体，報道機関など，そのような声を代表する地域団体との関係をどう築いていくかは，経営環境の安定と図書館サービスの発展にとって重要な要因であり，その関係は常に変化している。学校支援サービスを始めればPTAと，医療情報サービスを行えば医師会等地域医療団体と，ビジネス支援なら商店会との関係が生じてくる。選書をめぐる特定団体からの圧力のような危機管理的要素を含めて，地域の諸団体との関係構築の在り方を，その時々の経営判断だけでなく，公共図書館設置自治体の図書館政策としての基本方針を定めておく必要がある。

4　政策主体の形成

　政策というと，どうしても国レベルで政府がつくるものというイメージが日本では強いかもしれない。地方政府としての自治体でさえ，政府が決めた政策を実施するための施策を考えるのが自分たちの役割だと思っている職員は多いだろう。しかし，実際には自治体の首長が主導して，政府が手をこまねいていた行政分野に新たな政策を提示・実施した事例は日本でも少なくない。

　本書では，「政策」を「望ましい社会の形成と個人生活の充実を目標とし，それらを達成するための社会全体の価値の配分に関して，政府その他の社会組

織が公共的に決定した基本方針とそれを実現するために必要な具体的な計画及び事業」と定義しておきたい。ここで敢えて「その他の社会組織が公共的に決定した」基本方針としたのは、政府・地方自治体による公的決定に限らず、社団・財団、シンクタンク、NPO などの民間セクターを含めた公開・公共の場での論議と決定によって政策は作られるという考え方を示したかったからである。

　実際に図書館の分野でも、1970 年代には、『中小リポート』『市民の図書館』などの政策リポートを日本図書館協会が提示し、公共図書館のあるべき方向性を示すことによって、その後の図書館運動を主導し、全国的な図書館の新設やサービスの改善を実現していった事実がある。また近年でも、マイクロ・ライブラリー活動のような、実際の運動を通じて新しい公共性を担った図書館のあり方を考えていこうとする動きも続いている。

　官民のセクターを超えたさまざまな関係者が協力して図書館情報政策を形成してこそ、「公共」図書館の名にふさわしいといえよう。

考えてみよう・調べてみよう

1. 文部科学省（旧文部省）が、これまで公共図書館に関して作成した政策的な提言や報告書にどのようなものがあるか調べてみよう。それらは図書館のどの分野に関するものが多いだろうか。
2. 法律や制度とは関係なく、公立図書館を自治体のふさわしい部局に帰属させられるとしたら、どこがいいだろうか。また、その理由は？

読書案内

金容媛『図書館情報政策』丸善，2003 年
柳与志夫『知識の経営と図書館』勁草書房，2009 年
『中小都市における公共図書館の運営』日本図書館協会，1963 年
礒井純充・奥野武俊『コミュニティとマイクロ・ライブラリー』まちライブラリー，2016 年

第12章
各種図書館の役割と根拠法

❑本章の要点

　「図書館」と呼ばれる施設は，公共図書館だけではない。主に設置母体の違いに対応した，公共（公立）図書館，国立国会図書館，大学図書館，学校図書館，専門図書館という種類分け（「館種」という。）以外にも，図書館の扱う分野を主とする医学図書館，法律図書館，ビジネス図書館などの区別，さらに目的・利用者別の区分による点字図書館，議会図書館，病院図書館など，館種はさまざまである。設置母体による館種別に，それらはさまざまな制度・法規に基づいて活動している。

第1節　国立国会図書館（資料編の該当法律文を参照，以下同）

　日本で唯一の国立図書館である国立国会図書館は，概ね文化省などの政府に置かれている諸外国の国立図書館と異なり，衆議院事務局，参議院事務局と並んで立法府に置かれた組織であり，国立国会図書館法という独自の設置法に基づいている。さらに，その設置根拠としては，国会法第130条「議員の調査研究に資するため，別に定める法律により，国会に国立国会図書館を置く。」がある。立法府に置かれた国立図書館は，主要先進国では米国と日本だけである。

　その最大の特徴は，国会法および国立国会図書館法第2条にあるように，国立図書館としての機能の第一義を「国会議員の職務の遂行に資する」ことを旨とする議会図書館としての役割だろう。これは，第二次世界大戦後の米国からの図書館使節団による強い影響下での立法化の過程で，米国議会図書館の制度

を参考にしたことに起因するといわれている。

　それ以外にも国立国会図書館法には，通常の日本の法律体系には収まらないユニークな規定が多く見られる。

　府省庁と最高裁判所の図書館を国立国会図書館支部とする支部図書館制度（第17条），衆参両院の議院運営委員会委員長２名・国務大臣１名・最高裁判所裁判官１名からなる国立国会図書館連絡調整委員会の設置（第12条），財政法の例外となる，寄付金を直接受けて支出できるとする規定（第26条）などである。

　当然ながら世界の国立図書館に共通する納本制度（国内で発行された出版物を国立図書館に収めさせる制度）やその他の国立図書館機能を保障する規定も同法には置かれている。近年の特徴としては，社会のデジタル環境の進展に対応したデジタル関連事業の展開があり，法律制定当初は図書・雑誌等を想定していた納本対象資料を電子媒体に拡張したり，デジタル化した所蔵資料を館外に配信できるようにするための著作権法や国立国会図書館法改正が相次いでいる。また2020年から運用を開始したジャパンサーチは，日本の各種機関・分野横断型デジタル文化資源検索サイトとして，全国のデジタル資源を結びつける機能を果たしている。

　同法制定当初から2005年までは，国立国会図書館長の待遇は法律の条文で国務大臣同等とされていたが，その後副大臣級に変更された。しかし，それでも副館長の各省事務次官待遇と並んで，世界の国立図書館や他の府省と比較しても異例の厚遇がなされている。このように，国立国会図書館が府省と同等の地位を与えられているのは，国会への調査・立法補佐機能を保障し，立法・行政・司法を横断して国立図書館としての役割を果たすためと考えられている。

第2節　大学図書館

　大学図書館は，国立・公立・私立を問わず，大学に置かれた図書館を総称したものであるが，その設置・運営を包括的に規定した法律は存在しない。設置根拠としては，文部科学省（旧文部省）の省令である大学設置基準の第36条

に，大学が原則として備えなければならない施設のひとつとして，事務室や教室，研究室と並んで，図書館があげられている。そして，同基準の第38条では，図書館の基本的要素である資料，サービス，職員，施設・設備について規定している。

大学図書館の基本的役割は，大学内の学生・教員に対する，教育支援・研究支援であるが，近年は，他大学の教員・学生や大学の所在する地域の住民等へのサービスを行う事例も増えている。しかし実際には，大学の規模・内容がさまざまなように，大学図書館のありようもさまざまで，標準的な大学図書館像を示すのは難しいが，デジタル情報への対応において格差が大きくなっていることは懸念される。

大学図書館に関わる政策としては，主に学術情報流通の促進を図るという視点から，学術審議会（2001年に科学技術・学術審議会に改編）の答申を受けて，文部科学省が外国雑誌センター設置，総合目録データベース形成，学術情報ネットワークの推進などの施策を展開してきた。近年は電子ジャーナル導入や学内で発生する電子情報の蓄積・発信機能をもつ学術情報リポジトリ構築など，デジタル学術情報への対応が最大の課題となっている。今後は大学図書館単独というよりも，大学全体のデジタル資源管理や情報流通，さらに国立情報学研究所を中心として国全体が取り組む学術関連情報のオープンデータ流通政策の観点から位置づけを考えていく必要があるだろう。

第3節　学校図書館

小学校・中学校・高等学校には必ず図書館を設置しなければならないことが，学校図書館法で定められている。しかし1953年に成立した同法では，図書館の専門職である司書教諭の設置が，必置ではなく，「当分の間」任意とされ，実際に多くの学校で司書教諭が配置されないままの状態が長く続いた。戦後の学校図書館関係者の最大の努力が，司書教諭必置に向けての法律改正に注がれたといっても過言ではない。

その成果は，ようやく1997年に実り，2003年4月から12学級以上の学校すべてに司書教諭を配置することが学校図書館法上規定された。しかし，それで学校図書館の職員問題がすべて解決されたわけではない。専任の司書教諭を置く余裕がないほとんどの学校では，別の担当教諭の「充て職（ある職に就いている人に他の職を兼任させること）」として司書教諭が配置されているため，実際に学校図書館（図書室）に司書教諭が在室している時間はわずかとなり，図書館が閉まっている時間の方が開いている時間よりも長いという学校も珍しくなかった。それを補うため，高等学校を中心に事務職の専門職として「学校司書」を置く学校もあったが，十分な予算措置がないため，すべての学校に普及することはなかった。

　学校図書館政策については，各種運営手引書の作成，職員研修会や調査研究の実施，学校図書館図書標準の設定，6次にわたる学校図書館図書整備計画の策定などの施策が実施され，近年は地方交付税による蔵書の充実が図られている。2012年からの第4次整備計画（5か年で1000億円の規模）では，学校司書の配置に対しても，交付税による予算措置が初めて実現した。最新（2022年）の第6次整備計画では，予算規模は2400億円までになっている。このように，公共図書館に比べて，学校図書館に関わる国の施策の展開は近年顕著であり，その背景として，図書館関係者の努力はもちろんだが，子どもの未来を考える議員連盟等によるロビイング活動の力も大きいようである。

　なお，学校図書館行政は長年にわたって文部科学省の初等中等教育局が所管していたが，教室における「教育」を主眼とする教育行政の中では二次的な扱いであったことは否めなかった。しかし，第11章でも言及したとおり，現在は同省の筆頭局である総合教育政策局に移管され，図書館・学校図書館振興室として，行政的にはそれなりの地位が与えられていることも政策的な対応と大きく関係していると言えるだろう。

第4節　専門図書館

　専門図書館は，公共・国立・大学・学校以外の，各種団体・機関・企業等によって設置された，特定分野を専門とする図書館という，かなり大雑把な概念でまとめられた図書館群を指し，明確な定義があるわけではない。美術館に置かれた美術図書室，食品企業が設置している食の文化をテーマにした図書室，財団が設置している国際交流をテーマにした図書室など，限定的であれ，特定テーマを専門とし，何らかの形で公開されていることが多いこと以外は，まさに設置母体の違いに応じてテーマ，規模，利用条件等千差万別だ。したがって，それらを一律に規定する法律や基準も存在しない。

　そのなかで，設置施設や利用者・利用目的が特定される刑務所図書館，病院図書館，議会図書館，点字図書館などを特殊図書館として専門図書館から除外する場合もある。点字図書館の場合は身体障害者福祉法，地方議会図書室は地方自治法，地域医療支援病院に置かれた図書室は医療法というように，法律に基づいて置かれている図書館（図書室）があるのも特徴である。

　これらの専門図書館は，テーマが特殊だったり，規模が小さいこともあり，大きな大学図書館や公共図書館の中に埋もれてしまいがちだったが，こうした各種専門図書館の資料のデジタル化やデジタルアーカイブ化が進み，それらがネットワーク化されると，かえって専門性・特殊性の高い資料価値に注目が集まる可能性もある。

第5節　デジタルアーカイブ（電子図書館）

　デジタルアーカイブの定義をとりあえず「特定のテーマ・目的に沿ったデジタルコンテンツを収集・組織化したデジタルコレクションの編成・蓄積・保管・利用・連携を長期にわたって保障する仕組み」とすると，公共図書館はもちろん，本章第1節から第4節までのすべての図書館で可能な仕組みであり，実際

に程度の差はあれ，それに取り組んでいない図書館の方が今や少ないだろう。それどころか，モノとしての資料や施設としての図書館という物理的制約を離れて，個人レベルでもデジタルアーカイブを構築できる時代になってきた。そしてデジタルアーカイブの強みは，それらをネットワーク化し，原理的にはあたかも統合された一つのデジタルアーカイブを構築できることである。それはある意味，世界中の情報や知識を集めて組織化する「普遍図書館」をつくろうとした，古代以来の多くの知識人たちの理想に近づいてきたと言うこともできるだろう。

　こうしたデジタル環境下において，今後の公共図書館がデジタルアーカイブの構築・利用にどのように関わっていくかは，公共図書館全体の在り方やそれぞれの館にとって重要な選択，経営課題である。公共図書館における電子書籍提供サービスが当たり前になっている米国に比べて，日本の公共図書館では遅々として進まず，コロナ禍を経て電子書籍を導入する館がようやく増えてきたのが現状である。あるいは実際にほとんどの館では貴重書等のデジタル化と公開をもってデジタルアーカイブとしているところが大半かもしれない。こうした公共図書館のデジタル化状況では，デジタルアーカイブへの全面的な取り組みはまだ先の課題に見えるかもしれないが，社会全体の仕組みのデジタル対応が進む中で，その選択は遠い先のことではない。もちろん，場所としての図書館や印刷物としての図書を重視するという選択も含めてである。

第6節　関連する諸法律

1　国の文化・産業振興策関連法

　図書館を直接対象にしたものではないが，国としての文化振興や産業振興を目的とした法律・施策のなかで，図書館の役割や機能について言及あるいは内容的に関連したものがあり，図書館の振興を図るにあたっても，それらの法律や施策と関連した予算要求や経営改革を行なっていくことが重要だ。

　代表的な関連法をあげると，「子どもの読書活動の推進に関する法律」「文

字・活字文化振興法」「読書バリアフリー法」「文化芸術基本法」「コンテンツ
の創造，保護及び活用の促進に関する法律」などがある。

2 著作権法

　図書館の運営に直接的に関わる法律もある。その最たるものが著作権法である。図書館が扱う資料：図書，雑誌，新聞，CD，DVD やインターネット情報源などすべての著作物が著作権に関わっていることを考えれば当然だ。これまでは，資料の複写に関わる複製権が最大の問題だったが，図書館の場合は，著作権法第 31 条の制限規定により，本来は著作者の許諾が必要な複写について，著作物の一部（図書の場合は，半分以下と一般的に解釈されている）の複写を許諾なしで行えることになっている。しかし，これはあくまで図書館の伝統や公益性に配慮した例外規定であり，ネットワーク環境の進展に伴って図書館サービスに大きな関わりをもつ公衆送信権など，図書館サービス全般については著作権法の規定を守らなければならない。近年，国立国会図書館のデジタルコレクションを国内外で広く活用する観点から同館のデジタル送信可能な範囲が飛躍的に拡張されるなど，デジタル化資料の利用促進に関わる著作権法の改正が相次いでいる。

3 地方行政に関わる法律

　公立図書館は，地方自治体の一組織であり，そこで働く図書館職員は地方公務員である。したがって，当然のことであるが，図書館の運営にあたっては，地方自治法，地方財政法，地方公務員法，地方教育行政の組織及び運営に関する法律，図書館設置条例などの諸法規に則って行う必要がある。また，地方公務員法等の改正により 2020 年から導入された会計年度任用職員制度も，非常勤職員が多い公立図書館に大きな影響を与えると思われるが，指定管理者制度同様，その運用の仕方次第で現場にとってプラスにもマイナスにも働くだろう。

4 一般的規制等に関わる法律

　図書館システムの開発事業者やサービス委託事業者との契約なら民法や不当競争防止法などの経済諸法規，利用者記録の保持などに関わる個人情報保護法，図書館職員の労働条件などに関わる労働関係諸法規など，図書館運営・サービスには，あらゆる分野の法規が関わっている。一般に図書館職員は法律や経済分野の知識・ノウハウに欠ける場合が少なくないといわれる。図書館情報学や図書館サービスに関わる主題分野の知識だけでなく，組織を経営管理していくための法律的・経済的知識は，館長等の管理職だけに必要なものではなく，図書館職員全員が，程度の差はあれ，身につけていかなければならない。

考えてみよう・調べてみよう

1. 「大学図書館法」がないのはなぜだろう。法律のある国立図書館，公共図書館，学校図書館と比較して，何が違っているのだろうか。理由を考えてみよう。
2. 自分の趣味や関心のあるテーマについて，その専門図書館が存在するか調べてみよう。

読書案内

岩猿敏生『大学図書館の管理と運営』日本図書館協会，1992 年
北克一編著『学校経営と学校図書館：その展望』青弓社，2009 年
国立国会図書館百科編集委員会編『国立国会図書館百科』出版ユース社，1989 年
山崎久道『専門図書館経営論：情報と企業の視点から』日外アソシエーツ，1999 年
『図書館・アーカイブズとは何か』(別冊『環』15) 藤原書店，2008 年
柳与志夫『デジタルアーカイブの理論と政策』勁草書房，2020 年

あとがき

　本書を終えるにあたり，今後の公共図書館の発展を支える制度設計・経営改革の方向性を 7 点あげておきたい。

① 使命の再確認

　公共図書館のこれからの使命は何か，について各図書館・職員個人個人で考えることが出発点である。そこがはっきりしていなければ，経営計画を組み立てることはできない。すべての状況に適用可能な経営手法があるわけではなく，図書館経営の理念に応じて，それに適した経営手法を選ぶということだ。

　貸出冊数の増加が，すべての公共図書館の目標達成の指標のように思われた時代があった。しかし今後は，各図書館がその経営環境に適した独自の目標を設定し，それを達成するための独自の経営手法を編み出していく必要がある。その意味で館長のリーダーシップはこれまで以上に重要である。

② 環境に応じた経営形態

　図書館をとりまく出版・メディア，情報通信等のさまざまな環境要因が激しく変化している。したがって，一度決めた経営方針であっても，環境変化に応じて臨機応変に対処していくことが望ましい。経営形態についても，選択の幅は広がっており，本来は直営が望ましい，あるいは指定管理者が将来の方向だ，と決めつけず，その図書館の経営環境にふさわしい経営形態をとるべきだろう。

③ 本来のネットワークの拡大

　公共図書館相互あるいは異なる館種間の図書館ネットワークの構築が大きな目標とされた時代があった。しかし本来のネットワークの有効性は，異なる種類の要素が協力し合った場合に生じるシナジー効果にある。

　図書館は長い間，図書館以外の世界にあまり関心を寄せてこなかった。しか

し今や，アマゾンやグーグルが，図書館目録や情報検索システムの機能を肩代わりしだしている。今や新聞紙を読む人は少数派で，多くの人がネットを通じて記事を読んでいる。米国では公共図書館における電子書籍導入は当たり前のことになっており，出版社や配信会社との契約関係の構築が不可欠だ。膨大な知識世界のなかで，図書館単独で提供できるサービスはわずかである。公共図書館の公開性を拠りどころに，出版界や学術世界，ミュージアム等文化機関，教育機関，そして各種知識・情報産業と連携することによって，図書館は世界の情報源への窓口になることが求められている。外部機関との連携を進めていく経営手腕が必要だ。

④ 文化情報資源マネジメントのための人材養成

　公共図書館が扱うべき情報資源は，紙を主体としたパッケージ資料から電子情報資源へと確実に拡大している。そうしなければ，ビジネス支援や行政支援はおろか，医療・法律・税金・福祉などの住民の暮らしに必要な情報も提供できないからだ。しかし，現在の公共図書館では相変わらず図書の収集と貸出を中心に業務とサービスを編成している。この体制を変えなければ，公共図書館経営の刷新はないだろう。そのためには，図書も電子コンテンツも含めた文化情報資源全体を扱える，従来の司書を超えた人材の確保と養成が必要だ。これまで図書館とは無関係と見られてきた分野からの人材確保が，有効な対応策となるだろう。

⑤ 経営力を競う

　日本の経済界が護送船団方式をとってきたことに，国内外の有識者から批判が集まっていたことはそれほど昔の話ではない。その代表とされてきた銀行も，近年大きな変化が生じ，めまぐるしい再編・統合が行われ，破綻する銀行も出た。

　同じことが公共図書館にもいえる。地方自治体の中で守られ，全国で同じようなサービスをしてきた公共図書館に格差が生じつつある。それまでの図書館サービスの実績の反映という側面もあるが，厳しさの増す自治体の行財政状況の影響という側面もある。全国一律の目標がなくなっていることも理由のひと

144

つかもしれない。

　各公共図書館が，その経営方針と経営能力を問われ，競い合う時代がやって
きている。何をその図書館の「売り」にしていくか，真剣に考える必要がある。

⑥ 図書館政策の形成と提示

　個々の図書館の経営力が問われているとはいえ，一図書館，一自治体だけで
はどうしようもない制度上の問題，特に地方交付税等の財政措置や法律改正な
ど国の図書館政策に関わる課題があることは確かである。しかし，学校図書館
関係者と比べると，一般にこれまでの公共図書館関係者は，指定管理者制度な
どの制度改正に関わる反対キャンペーンばかりが目立ち，新しい政策や法律改
正を，政治家，関連府省，ジャーナリズムなどの社会的影響力をもつ人たちに
提示していく力が弱かったように思われる。

　政策形成は政府に任せておけばいいものではなく，最も関係が深く，知識を
持っている当事者が考え，関係者に提示していくことが求められている。その
ために不可欠な知識として，図書館経営論や行財政制度を学んで，考えていく
必要があるだろう。

⑦ デジタルアーカイブとの距離の取り方

　近年デジタルアーカイブの発展は顕著である。それもジャパンサーチのよう
な全国レベルのものから図書館や企業のような組織単位，あるいは個人レベル
のものまで，その規模と内容は多種多様である。図書館は実は情報・知識
のデジタル化のパイオニアと言っていい。電子図書館構想は，V. ブッシュの
Memex を始めコンピュータや通信技術の開発を先導してきたと言っても過言
ではない。しかし一方で現実の公共図書館の発展はそれとは別の道を歩んでき
た。それでも近年の電子書籍の普及や資料のデジタル化，グーグル検索の普及
等を通じて，公共図書館はデジタルアーカイブと無縁ではいられなくなってい
る。それに積極的に関与して取り込んでいくか，「場」としての図書館の役割
を重視していくか，様々な方向性があるだろうが，デジタルアーカイブとの付
き合い方は戦略的に考える必要がある。

「まえがき」で，図書館の目的は永遠不変のものではなく，その時々の社会や個人によって違ってくる，と指摘した。以上にあげた7つの方向性は，そうした変化に対応するために有効な視点となるだろう。制度や経営について考えようとすると，どうしても現在目の前にある組織や社会・経済の仕組みを前提としがちだ。しかし，制度や経営を論じる最大の目的は，社会思想や社会環境の変化に合わせて，現在の組織や制度をいかに改革・改善していくか，その方法を考えることにある。

　本書の読者には，制度・経営論の知識を習得することによって，自分なりの改革の方法論を身につけてほしいと願っている。それは，図書館に限らず，他のどのような組織に皆さんが属したとしても役に立つはずだからである。

　2023 年 9 月

柳　与志夫

資料編

図　書　館　法

昭和 25 年 4 月 30 日法律第 118 号
最終改正：令和元年 6 月 7 日法律第 26 号

第 1 章　総則

（この法律の目的）

第 1 条　この法律は，社会教育法（昭和 24 年法律第 207 号）の精神に基き，図書館の設置及び運営に関して必要な事項を定め，その健全な発達を図り，もつて国民の教育と文化の発展に寄与することを目的とする。

（定義）

第 2 条　この法律において「図書館」とは，図書，記録その他必要な資料を収集し，整理し，保存して，一般公衆の利用に供し，その教養，調査研究，レクリエーション等に資することを目的とする施設で，地方公共団体，日本赤十字社又は一般社団法人若しくは一般財団法人が設置するもの（学校に附属する図書館又は図書室を除く。）をいう。

2　前項の図書館のうち，地方公共団体の設置する図書館を公立図書館といい，日本赤十字社又は一般社団法人若しくは一般財団法人の設置する図書館を私立図書館という。

（図書館奉仕）

第 3 条　図書館は，図書館奉仕のため，土地の事情及び一般公衆の希望に沿い，更に学校教育を援助し，及び家庭教育の向上に資することとなるように留意し，おおむね次に掲げる事項の実施に努めなければならない。

一　郷土資料，地方行政資料，美術品，レコード及びフィルムの収集にも十分留意して，図書，記録，視聴覚教育の資料その他必要な資料（電磁的記録（電子的方式，磁気的方式その他人の知覚によつては認識することができない方式で作られた記録をいう。）を含む。以下「図書館資料」という。）を収集し，一般公衆の利用に供すること。

二　図書館資料の分類排列を適切にし，及びその目録を整備すること。

三　図書館の職員が図書館資料について十分な知識を持ち，その利用のための相談に応ずるようにすること。

四　他の図書館，国立国会図書館，地方公共団体の議会に附置する図書室及び学校に附属する図書館又は図書室と緊密に連絡し，協力し，図書館資料の相互貸借を行うこと。

五　分館，閲覧所，配本所等を設置し，及び自動車文庫，貸出文庫の巡回を行うこと。

六　読書会，研究会，鑑賞会，映写会，資料展示会等を主催し，及びこれらの開催を奨励すること。

七　時事に関する情報及び参考資料を紹介し，及び提供すること。

八　社会教育における学習の機会を利用して行つた学習の成果を活用して行う教育活動その他の活動の機会を提供し，及びその提供を奨励すること。

九　学校，博物館，公民館，研究所等と緊密に連絡し，協力すること。

（司書及び司書補）

第 4 条　図書館に置かれる専門的職員を司書及び司書補と称する。

2　司書は，図書館の専門的事務に従事する。

3　司書補は，司書の職務を助ける。

（司書及び司書補の資格）

第 5 条　次の各号のいずれかに該当する者は，司書となる資格を有する。

一　大学を卒業した者（専門職大学の前期課

程を修了した者を含む。次号において同
じ。）で大学において文部科学省令で定め
る図書館に関する科目を履修したもの
二　大学又は高等専門学校を卒業した者で次
条の規定による司書の講習を修了したも
の
三　次に掲げる職にあつた期間が通算して3
年以上になる者で次条の規定による司書
の講習を修了したもの
イ　司書補の職
ロ　国立国会図書館又は大学若しくは高等専
門学校の附属図書館における職で司書補
の職に相当するもの
ハ　ロに掲げるもののほか，官公署，学校又
は社会教育施設における職で社会教育主
事，学芸員その他の司書補の職と同等以
上の職として文部科学大臣が指定するも
の
2　次の各号のいずれかに該当する者は，司
書補となる資格を有する。
一　司書の資格を有する者
二　学校教育法（昭和22年法律第26号）第
90条第1項の規定により大学に入学する
ことのできる者で次条の規定による司書
補の講習を修了したもの
（司書及び司書補の講習）
第6条　司書及び司書補の講習は，大学が，
文部科学大臣の委嘱を受けて行う。
2　司書及び司書補の講習に関し，履修すべ
き科目，単位その他必要な事項は，文部
科学省令で定める。ただし，その履修す
べき単位数は，15単位を下ることができ
ない。
（司書及び司書補の研修）
第7条　文部科学大臣及び都道府県の教育委
員会は，司書及び司書補に対し，その資
質の向上のために必要な研修を行うよう
努めるものとする。
（設置及び運営上望ましい基準）
第7条の2　文部科学大臣は，図書館の健全
な発達を図るために，図書館の設置及び
運営上望ましい基準を定め，これを公表

するものとする。
（運営の状況に関する評価等）
第7条の3　図書館は，当該図書館の運営の
状況について評価を行うとともに，その
結果に基づき図書館の運営の改善を図る
ため必要な措置を講ずるよう努めなけれ
ばならない。
（運営の状況に関する情報の提供）
第7条の4　図書館は，当該図書館の図書館
奉仕に関する地域住民その他の関係者の
理解を深めるとともに，これらの者との
連携及び協力の推進に資するため，当該
図書館の運営の状況に関する情報を積極
的に提供するよう努めなければならない。
（協力の依頼）
第8条　都道府県の教育委員会は，当該都
道府県内の図書館奉仕を促進するために，
市（特別区を含む。以下同じ。）町村の教
育委員会（地方教育行政の組織及び運営に
関する法律（昭和三十一年法律第百六十二
号）第二十三条第一項の条例の定めるとこ
ろによりその長が図書館の設置，管理及
び廃止に関する事務を管理し，及び執行
することとされた地方公共団体（第十三条
第一項において「特定地方公共団体」と
いう。）である市町村にあつては，その長
又は教育委員会）に対し，総合目録の作製，
貸出文庫の巡回，図書館資料の相互貸借
等に関して協力を求めることができる。
（公の出版物の収集）
第9条　政府は，都道府県の設置する図書館
に対し，官報その他一般公衆に対する広
報の用に供せられる独立行政法人国立印
刷局の刊行物を2部提供するものとする。
2　国及び地方公共団体の機関は，公立図書
館の求めに応じ，これに対して，それぞ
れの発行する刊行物その他の資料を無償
で提供することができる。

第2章　公立図書館

（設置）
第10条　公立図書館の設置に関する事項は，

当該図書館を設置する地方公共団体の条例で定めなければならない。

第11条　削除

第12条　削除

（職員）

第13条　公立図書館に館長並びに当該図書館を設置する地方公共団体の教育委員会（特定地方公共団体の長がその設置，管理及び廃止に関する事務を管理し，及び執行することとされた図書館（第十五条において「特定図書館」という。）にあつては，当該特定地方公共団体の長）が必要と認める専門的職員，事務職員及び技術職員を置く。

2　館長は，館務を掌理し，所属職員を監督して，図書館奉仕の機能の達成に努めなければならない。

（図書館協議会）

第14条　公立図書館に図書館協議会を置くことができる。

2　図書館協議会は，図書館の運営に関し館長の諮問に応ずるとともに，図書館の行う図書館奉仕につき，館長に対して意見を述べる機関とする。

第15条　図書館協議会の委員は，当該図書館を設置する地方公共団体の教育委員会（特定図書館に置く図書館協議会の委員にあつては，当該地方公共団体の長）が任命する。

第16条　図書館協議会の設置，その委員の任命の基準，定数及び任期その他図書館協議会に関し必要な事項については，当該図書館を設置する地方公共団体の条例で定めなければならない。この場合において，委員の任命の基準については，文部科学省令で定める基準を参酌するものとする。

（入館料等）

第17条　公立図書館は，入館料その他図書館資料の利用に対するいかなる対価をも徴収してはならない。

第18条　削除

第19条　削除

（図書館の補助）

第20条　国は，図書館を設置する地方公共団体に対し，予算の範囲内において，図書館の施設，設備に要する経費その他必要な経費の一部を補助することができる。

2　前項の補助金の交付に関し必要な事項は，政令で定める。

第21条　削除

第22条　削除

第23条　国は，第20条の規定による補助金の交付をした場合において，左の各号の一に該当するときは，当該年度におけるその後の補助金の交付をやめるとともに，既に交付した当該年度の補助金を返還させなければならない。

一　図書館がこの法律の規定に違反したとき。

二　地方公共団体が補助金の交付の条件に違反したとき。

三　地方公共団体が虚偽の方法で補助金の交付を受けたとき。

第3章　私立図書館

第24条　削除

（都道府県の教育委員会との関係）

第25条　都道府県の教育委員会は，私立図書館に対し，指導資料の作製及び調査研究のために必要な報告を求めることができる。

2　都道府県の教育委員会は，私立図書館に対し，その求めに応じて，私立図書館の設置及び運営に関して，専門的，技術的の指導又は助言を与えることができる。

（国及び地方公共団体との関係）

第26条　国及び地方公共団体は，私立図書館の事業に干渉を加え，又は図書館を設置する法人に対し，補助金を交付してはならない。

第27条　国及び地方公共団体は，私立図書館に対し，その求めに応じて，必要な物資の確保につき，援助を与えることがで

きる。

（入館料等）

第28条　私立図書館は，入館料その他図書館資料の利用に対する対価を徴収することができる。

（図書館同種施設）

第29条　図書館と同種の施設は，何人もこれを設置することができる。

2　第25条第2項の規定は，前項の施設について準用する。

国立国会図書館法（抜粋）

昭和23年2月9日法律第5号

最終改正：令和5年6月7日法律第47号

国立国会図書館は，真理がわれらを自由にするという確信に立つて，憲法の誓約する日本の民主化と世界平和とに寄与することを使命として，ここに設立される。

第1章　設立及び目的

第1条　この法律により国立国会図書館を設立し，この法律を国立国会図書館法と称する。

第2条　国立国会図書館は，図書及びその他の図書館資料を蒐集し，国会議員の職務の遂行に資するとともに，行政及び司法の各部門に対し，更に日本国民に対し，この法律に規定する図書館奉仕を提供することを目的とする。

第3条　国立国会図書館は，中央の図書館並びにこの法律に規定されている支部図書館及び今後設立される支部図書館で構成する。

（略）

第12条　国立国会図書館に連絡調整委員会を設ける。この委員会は，4人の委員でこれを組織し，各議院の議院運営委員長，最高裁判所長官の任命する最高裁判所裁判官1人及び内閣総理大臣が任命する国務大臣1人をこれに充てる。委員長は委員の互選とする。

2　委員長及び委員は，その職務につき報酬を受けない。

3　館長は，委員会に出席できるが，表決に加わることができない。

（略）

第17条　館長は，行政及び司法の各部門に図書館奉仕の連繋をしなければならない。この目的のために館長は左の権能を有する。

一　行政及び司法の各部門の図書館長を，これらの部門を各代表する連絡調整委員会の委員の推薦によつて任命する。但し，国家公務員法の適用を受ける者については，同法の規定に従い，且つ，当該部門の長官の同意を得なければならない。

二　行政及び司法の各部門の図書館で使用に供するため，目録法，図書館相互間の貸出及び資料の交換，綜合目録及び綜合一覧表の作成等を含む図書館運営の方法及び制度を定めることができる。これによつて国の図書館資料を行政及び司法の各部門のいかなる職員にも利用できるようにする。

三　行政及び司法の各部門の図書館長に年報又は特報の提出を要求することができる。

（略）

第21条　国立国会図書館の図書館奉仕は，直接に又は公立その他の図書館を経由して，両議院，委員会及び議員並びに行政及び司法の各部門からの要求を妨げない限り，日本国民がこれを最大限に享受することができるようにしなければならない。この目的のために，館長は次の権能

を有する。

一　館長の定めるところにより，国立国会図書館の収集資料及びインターネットその他の高度情報通信ネットワークを通じて閲覧の提供を受けた図書館資料と同等の内容を有する情報を，国立国会図書館の建物内で若しくは図書館相互間の貸出しで，又は複写若しくは展示によつて，一般公衆の使用及び研究の用に供する。かつ，時宜に応じて図書館奉仕の改善上必要と認めるその他の奉仕を提供する。

二　あらゆる適切な方法により，図書館の組織及び図書館奉仕の改善につき，都道府県の議会その他の地方議会，公務員又は図書館人を援助する。

三　国立国会図書館で作成した出版物を他の図書館及び個人が，購入しようとする際には，館長の定める価格でこれを売り渡す。

四　日本の図書館資料資源に関する総合目録並びに全国の図書館資料資源の連係ある使用を実現するために必要な他の目録及び一覧表の作成のために，あらゆる方策を講ずる。

（略）

第24条　国の諸機関により又は国の諸機関のため，次の各号のいずれかに該当する出版物（機密扱いのもの及び書式，ひな形その他簡易なものを除く。以下同じ。）が発行されたときは，当該機関は，公用又は外国政府出版物との交換その他の国際的交換の用に供するために，館長の定めるところにより，30部以下の部数を直ちに国立国会図書館に納入しなければならない。

一　図書

二　小冊子

三　逐次刊行物

四　楽譜

五　地図

六　映画フィルム

七　前各号に掲げるもののほか，印刷その他の方法により複製した文書又は図画

八　蓄音機用レコード

九　電子的方法，磁気的方法その他の人の知覚によつては認識することができない方法により文字，映像，音又はプログラムを記録した物

2　次に掲げる法人により又はこれらの法人のため，前項に規定する出版物が発行されたときは，当該法人は，同項に規定する目的のため，館長の定めるところにより，5部以下の部数を直ちに国立国会図書館に納入しなければならない。

一　独立行政法人通則法（平成11年法律第103号）第2条第1項に規定する独立行政法人

二　国立大学法人法（平成15年法律第112号）第2条第1項に規定する国立大学法人又は同条第3項に規定する大学共同利用機関法人

三　特殊法人等（法律により直接に設立された法人若しくは特別の法律により特別の設立行為をもつて設立された法人又は特別の法律により設立され，かつ，その設立に関し行政官庁の認可を要する法人をいう。以下同じ。）のうち，別表第一に掲げるもの

3　前2項の規定は，前2項に規定する出版物の再版についてもこれを適用する。ただし，その再版の内容が初版又は前版の内容に比し増減又は変更がなく，かつ，その初版又は前版がこの法律の規定により前に納入されている場合においては，この限りでない。

第24条の2　地方公共団体の諸機関により又は地方公共団体の諸機関のため，前条第1項に規定する出版物が発行されたときは，当該機関は，同項に規定する目的のため，館長の定めるところにより，都道府県又は市（特別区を含む。以下同じ。）（これらに準ずる特別地方公共団体を含む。以下同じ。）の機関にあつては5部以下の部数を，町村（これに準ずる特別地方公共団体を含む。以下同じ。）の機関にあつて

は3部以下の部数を，直ちに国立国会図書館に納入するものとする。

2　次に掲げる法人により又はこれらの法人のため，前条第1項に規定する出版物が発行されたときは，当該法人は，同項に規定する目的のため，館長の定めるところにより，都道府県又は市が設立した法人その他の都道府県又は市の諸機関に準ずる法人にあつては4部以下の部数を，町村が設立した法人その他の町村の諸機関に準ずる法人にあつては2部以下の部数を，直ちに国立国会図書館に納入するものとする。

一　港湾法（昭和25年法律第218号）第4条第1項に規定する港務局

二　地方住宅供給公社法（昭和40年法律第124号）第1条に規定する地方住宅供給公社

三　地方道路公社法（昭和45年法律第82号）第1条に規定する地方道路公社

四　公有地の拡大の推進に関する法律（昭和47年法律第66号）第10条第1項に規定する土地開発公社

五　地方独立行政法人法（平成15年法律第118号）第2条第1項に規定する地方独立行政法人

六　特殊法人等のうち，別表第二に掲げるもの

3　前条第3項の規定は，前2項の場合に準用する。

第25条　前2条に規定する者以外の者は，第24条第1項に規定する出版物を発行したときは，前2条の規定に該当する場合を除いて，文化財の蓄積及びその利用に資するため，発行の日から30日以内に，最良版の完全なもの1部を国立国会図書館に納入しなければならない。但し，発行者がその出版物を国立国会図書館に寄贈若しくは遺贈したとき，又は館長が特別の事由があると認めたときは，この限りでない。

2　第24条第3項の規定は，前項の場合に準用する。この場合において，同条第3項中「納入」とあるのは「納入又は寄贈若しくは遺贈」と読み替えるものとする。

3　第1項の規定により出版物を納入した者に対しては，館長は，その定めるところにより，当該出版物の出版及び納入に通常要すべき費用に相当する金額を，その代償金として交付する。

第25条の2　発行者が正当の理由がなくて前条第1項の規定による出版物の納入をしなかつたときは，その出版物の小売価額（小売価額のないときはこれに相当する金額）の5倍に相当する金額以下の過料に処する。

2　発行者が法人であるときは，前項の過料は，その代表者に対し科する。

第25条の3　館長は，公用に供するため，第24条及び第24条の2に規定する者が公衆に利用可能とし，又は当該者がインターネットを通じて提供する役務により公衆に利用可能とされたインターネット資料（電子的方法，磁気的方法その他の人の知覚によつては認識することができない方法により記録された文字，映像，音又はプログラムであつて，インターネットを通じて公衆に利用可能とされたものをいう。以下同じ。）を国立国会図書館の使用に係る記録媒体に記録することにより収集することができる。

2　第24条及び第24条の2に規定する者は，自らが公衆に利用可能とし，又は自らがインターネットを通じて提供する役務により公衆に利用可能とされているインターネット資料（その性質及び公衆に利用可能とされた目的にかんがみ，前項の目的の達成に支障がないと認められるものとして館長の定めるものを除く。次項において同じ。）について，館長の定めるところにより，館長が前項の記録を適切に行うために必要な手段を講じなければならない。

3　館長は，第24条及び第24条の2に規定

する者に対し，当該者が公衆に利用可能
とし，又は当該者がインターネットを通
じて提供する役務により公衆に利用可能
とされたインターネット資料のうち，第1
項の目的を達成するため特に必要がある
ものとして館長が定めるものに該当する
ものについて，国立国会図書館に提供す
るよう求めることができる。この場合に
おいて，当該者は，正当な理由がある場
合を除き，その求めに応じなければなら
ない。

第25条の4　第24条及び第24条の2に規
定する者以外の者は，オンライン資料（電
子的方法，磁気的方法その他の人の知覚
によつては認識することができない方法
により記録された文字，映像，音又はプ
ログラムであつて，インターネットその
他の送信手段により公衆に利用可能とさ
れ，又は送信されるもののうち，図書又
は逐次刊行物（機密扱いのもの及び書式，
ひな形その他簡易なものを除く。）に相当
するものとして館長が定めるものをいう。
以下同じ。）を公衆に利用可能とし，又は
送信したときは，前条の規定に該当する
場合を除いて，文化財の蓄積及びその利
用に資するため，館長の定めるところに
より，当該オンライン資料を国立国会図
書館に提供しなければならない。

2　前項の規定は，次の各号に掲げる場合に
は，適用しない。

一　館長が，第24条及び第24条の2に規
定する者以外の者から，当該者が公衆に
利用可能とし，又は送信したオンライン

資料を，前項の規定による提供を経ずに，
館長が国立国会図書館の使用に係る記録
媒体に記録することを求める旨の申出を
受け，かつ，これを承認した場合

二　オンライン資料の内容がこの条の規定に
より前に収集されたオンライン資料の内
容に比し増減又は変更がない場合

三　オンライン資料の性質及び公衆に利用可
能とされ，又は送信された目的に鑑み前
項の目的の達成に支障がないと館長が認
めた場合

四　その他館長が特別の事由があると認めた
場合

3　館長は，第1項の規定による提供又は前
項第1号の承認に係るオンライン資料を
国立国会図書館の使用に係る記録媒体に
記録することにより収集することができ
る。

4　第1項の規定によりオンライン資料を提
供した者（以下この項において「提供者」
という。）に対しては，館長は，その定め
るところにより，同項の規定による提供
に関し通常要すべき費用に相当する金額
を交付する。ただし，提供者からその交
付を要しない旨の意思の表明があつた場
合は，この限りでない。

第26条　館長は，国立国会図書館に関し，
その奉仕又は蒐集資料に関連し，直ちに
支払に供し得る金銭の寄贈を受けること
ができる。

2　この場合には両議院の議院運営委員会の
承認を得なければならない。

大学設置基準（抜粋）

昭和31年10月22日文部省令第28号

最終改正：令和5年9月1日文部科学省令第29号

第36条　大学は，その組織及び規模に応じ，
少なくとも次に掲げる専用の施設を備え
た校舎を有するものとする。ただし，特
別の事情があり，かつ，教育研究に支障

がないと認められるときは，この限りでない。

一　学長室，会議室，事務室

二　研究室，教室（講義室，演習室，実験・実習室等とする。）

三　図書館，医務室，学生自習室，学生控室

（以下，略）

第38条　大学は，教育研究を促進するため，学部の種類，規模等に応じ，図書，学術雑誌，電磁的方法（電子情報処理組織を使用する方法その他の情報通信の技術を利用する方法をいう。）により提供される学術情報その他の教育研究上必要な資料（次項において「教育研究上必要な資料」という。）を，図書館を中心に系統的に整備

し，学生，教員及び事務職員等へ提供するものとする。

2　図書館は，教育研究上必要な資料の収集，整理を行うほか，その提供に当たつて必要な情報の処理及び提供のシステムの整備その他の教育研究上必要な資料の利用を促進するために必要な環境の整備に努めるとともに，教育研究上必要な資料の提供に関し，他の大学の図書館等との協力に努めるものとする。

3　図書館には，その機能を十分に発揮させるために必要な専門的職員その他の専属の教員又は事務職員等を置くものとする。

（以下略）

学校図書館法 （抜粋）

昭和28年8月8日法律第185号

最終改正：平成27年6月24日法律第46号

（この法律の目的）

第一条　この法律は，学校図書館が，学校教育において欠くことのできない基礎的な設備であることにかんがみ，その健全な発達を図り，もつて学校教育を充実することを目的とする。

（定義）

第二条　この法律において「学校図書館」とは，小学校（義務教育学校の前期課程及び特別支援学校の小学部を含む。），中学校（義務教育学校の後期課程，中等教育学校の前期課程及び特別支援学校の中学部を含む。）及び高等学校（中等教育学校の後期課程及び特別支援学校の高等部を含む。）（以下「学校」という。）において，図書，視覚聴覚教育の資料その他学校教育に必要な資料（以下「図書館資料」という。）を収集し，整理し，及び保存し，これを児童又は生徒及び教員の利用に供することによつて，学校の教育課程の展開に寄与するとともに，児童又は生徒の健全

な教養を育成することを目的として設けられる学校の設備をいう。

（設置義務）

第3条　学校には，学校図書館を設けなければならない。

（学校図書館の運営）

第4条　学校は，おおむね左の各号に掲げるような方法によつて，学校図書館を児童又は生徒及び教員の利用に供するものとする。

一　図書館資料を収集し，児童又は生徒及び教員の利用に供すること。

二　図書館資料の分類排列を適切にし，及びその目録を整備すること。

三　読書会，研究会，鑑賞会，映写会，資料展示会等を行うこと。

四　図書館資料の利用その他学校図書館の利用に関し，児童又は生徒に対し指導を行うこと。

五　他の学校の学校図書館，図書館，博物館，

公民館等と緊密に連絡し，及び協力すること。

2　学校図書館は，その目的を達成するのに支障のない限度において，一般公衆に利用させることができる。

（司書教諭）

第5条　学校には，学校図書館の専門的職務を掌らせるため，司書教諭を置かなければならない。

2　前項の司書教諭は，主幹教諭（養護又は栄養の指導及び管理をつかさどる主幹教諭を除く。），指導教諭又は教諭（以下この項において「主幹教諭等」という。）をもつて充てる。この場合において，当該主幹教諭等は，司書教諭の講習を修了した者でなければならない。

3　前項に規定する司書教諭の講習は，大学その他の教育機関が文部科学大臣の委嘱を受けて行う。

4　前項に規定するものを除くほか，司書教諭の講習に関し，履修すべき科目及び単位その他必要な事項は，文部科学省令で定める。

（学校司書）

第6条　学校には，前条第一項の司書教諭のほか，学校図書館の運営の改善及び向上を図り，児童又は生徒及び教員による学校図書館の利用の一層の促進に資するため，専ら学校図書館の職務に従事する職員（次項において「学校司書」という。）を置くよう努めなければならない。

2　国及び地方公共団体は，学校司書の資質の向上を図るため，研修の実施その他の必要な措置を講ずるよう努めなければならない。

（設置者の任務）

第七条　学校の設置者は，この法律の目的が十分に達成されるようその設置する学校の学校図書館を整備し，及び充実を図ることに努めなければならない。

（国の任務）

第八条　国は，第六条第二項に規定するもののほか，学校図書館を整備し，及びその充実を図るため，次の各号に掲げる事項の実施に努めなければならない。

一　学校図書館の整備及び充実並びに司書教諭の養成に関する総合的計画を樹立すること。

二　学校図書館の設置及び運営に関し，専門的，技術的な指導及び勧告を与えること。

三　前二号に掲げるもののほか，学校図書館の整備及び充実のため必要と認められる措置を講ずること

（以下略）

著作権法（抜粋）

昭和 45 年 5 月 6 日法律第 48 号
最終改正：令和 5 年 6 月 14 日法律第 53 号

（図書館等における複製）

第31条　国立国会図書館及び図書，記録その他の資料を公衆の利用に供することを目的とする図書館その他の施設で政令で定めるもの（以下この項において「図書館等」という。）においては，次に掲げる場合には，その営利を目的としない事業として，図書館等の図書，記録その他の資料（以下この条において「図書館資料」という。）を用いて著作物を複製することができる。

一　図書館等の利用者の求めに応じ，その調査研究の用に供するために，公表された著作物の一部分（発行後相当期間を経過した定期刊行物に掲載された個々の著作物

にあつては，その全部）の複製物を１人に
つき１部提供する場合

二　図書館資料の保存のため必要がある場合

三　他の図書館等の求めに応じ，絶版その他
これに準ずる理由により一般に入手する
ことが困難な図書館資料（以下この条にお
いて「絶版等資料」という。）の複製物を
提供する場合

（中略）

6　第一項各号に掲げる場合のほか，国立
国会図書館においては，図書館資料の原
本を公衆の利用に供することによるその
滅失，損傷若しくは汚損を避けるために，
当該原本に代えて公衆の利用に供するた
め，又は絶版等資料に係る著作物を次項
若しくは第八項の規定により自動公衆送
信（送信可能化を含む。以下この条におい
て同じ。）に用いるため，電磁的記録を作
成する場合には，必要と認められる限度
において，当該図書館資料に係る著作物
を記録媒体に記録することができる。

7　国立国会図書館は，絶版等資料に係る著

作物について，図書館等又はこれに類す
る外国の施設で政令で定めるものにおい
て公衆に提示することを目的とする場合
には，前項の規定により記録媒体に記録
された当該著作物の複製物を用いて自動
公衆送信を行うことができる。この場合
において，当該図書館等においては，そ
の営利を目的としない事業として，次に
掲げる行為を行うことができる。

一　当該図書館等の利用者の求めに応じ，当
該利用者が自ら利用するために必要と認
められる限度において，自動公衆送信さ
れた当該著作物の複製物を作成し，当該
複製物を提供すること。

二　自動公衆送信された当該著作物を受信装
置を用いて公に伝達すること（当該著作物
の伝達を受ける者から料金（いずれの名義
をもつてするかを問わず，著作物の提供
又は提示につき受ける対価をいう。第九
項第二号及び第三十八条において同じ。）
を受けない場合に限る。）。

地方自治法 （抜粋）

昭和22年4月17日法律第67号
最終改正：令和5年5月8日法律第19号

（公の施設）

第244条　普通地方公共団体は，住民の福
祉を増進する目的をもつてその利用に供
するための施設（これを公の施設という。）
を設けるものとする。

2　普通地方公共団体（次条第3項に規定す
る指定管理者を含む。次項において同じ。）
は，正当な理由がない限り，住民が公の
施設を利用することを拒んではならない。

3　普通地方公共団体は，住民が公の施設を
利用することについて，不当な差別的取
扱いをしてはならない。

（公の施設の設置，管理及び廃止）

第244条の2　普通地方公共団体は，法律又
はこれに基づく政令に特別の定めがある
ものを除くほか，公の施設の設置及びそ
の管理に関する事項は，条例でこれを定
めなければならない。

2　普通地方公共団体は，条例で定める重要
な公の施設のうち条例で定める特に重要
なものについて，これを廃止し，又は条
例で定める長期かつ独占的な利用をさせ
ようとするときは，議会において出席議
員の3分の2以上の者の同意を得なけれ
ばならない。

3　普通地方公共団体は，公の施設の設置の

目的を効果的に達成するため必要があると認めるときは，条例の定めるところにより，法人その他の団体であつて当該普通地方公共団体が指定するもの（以下本条及び第244条の4において「指定管理者」という。）に，当該公の施設の管理を行わせることができる。

4 前項の条例には，指定管理者の指定の手続，指定管理者が行う管理の基準及び業務の範囲その他必要な事項を定めるものとする。

5 指定管理者の指定は，期間を定めて行うものとする。

6 普通地方公共団体は，指定管理者の指定をしようとするときは，あらかじめ，当該普通地方公共団体の議会の議決を経なければならない。

7 指定管理者は，毎年度終了後，その管理する公の施設の管理の業務に関し事業報告書を作成し，当該公の施設を設置する普通地方公共団体に提出しなければならない。

8 普通地方公共団体は，適当と認めるときは，指定管理者にその管理する公の施設の利用に係る料金（次項において「利用料金」という。）を当該指定管理者の収入として収受させることができる。

9 前項の場合における利用料金は，公益上必要があると認める場合を除くほか，条例の定めるところにより，指定管理者が定めるものとする。この場合において，指定管理者は，あらかじめ当該利用料金について当該普通地方公共団体の承認を受けなければならない。

10 普通地方公共団体の長又は委員会は，指定管理者の管理する公の施設の管理の適正を期するため，指定管理者に対して，当該管理の業務又は経理の状況に関し報告を求め，実地について調査し，又は必要な指示をすることができる。

11 普通地方公共団体は，指定管理者が前項の指示に従わないときその他当該指定管理者による管理を継続することが適当でないと認めるときは，その指定を取り消し，又は期間を定めて管理の業務の全部又は一部の停止を命ずることができる。

（公の施設の区域外設置及び他の団体の公の施設の利用）

第244条の3 普通地方公共団体は，その区域外においても，また，関係普通地方公共団体との協議により，公の施設を設けることができる。

2 普通地方公共団体は，他の普通地方公共団体との協議により，当該他の普通地方公共団体の公の施設を自己の住民の利用に供させることができる。

3 前2項の協議については，関係普通地方公共団体の議会の議決を経なければならない。

（公の施設を利用する権利に関する処分についての審査請求）

第二百四十四条の四 普通地方公共団体の長以外の機関（指定管理者を含む。）がした公の施設を利用する権利に関する処分についての審査請求は，普通地方公共団体の長が当該機関の最上級行政庁でない場合においても，当該普通地方公共団体の長に対してするものとする。

2 普通地方公共団体の長は，公の施設を利用する権利に関する処分についての審査請求がされた場合には，当該審査請求が不適法であり，却下するときを除き，議会に諮問した上，当該審査請求に対する裁決をしなければならない。

3 議会は，前項の規定による諮問を受けた日から二十日以内に意見を述べなければならない。

4 普通地方公共団体の長は，第二項の規定による諮問をしないで同項の審査請求を却下したときは，その旨を議会に報告しなければならない。

（以下略）

索　引

監 修

大串　夏身　（昭和女子大学特任教授）

金沢　みどり（東洋英和女学院大学教授）

著 者

柳　与志夫（やなぎ　よしお）

現　　　職：東京大学大学院情報学環特任教授

専門分野：図書館経営論，デジタルアーカイブ論

関心領域：文化情報資源政策

主な著作：

『デジタルアーカイブの理論と政策』勁草書房，2020 年（デジタルアーカイブ学会第 3 回学会賞学術賞受賞）

『文化情報資源と図書館経営』勁草書房，2015 年

『デジタル・アーカイブとは何か―理論と実践』（共編）勉誠出版，2015 年

『千代田図書館とは何か』ポット出版，2010 年

『知識の経営と図書館』勁草書房，2009 年

『図書館経営論』学文社，2007 年

［ライブラリー　図書館情報学4］

図書館制度・経営論〈第 3 版〉

2013 年 9 月20日	第 1 版第 1 刷発行		
2018 年 1 月30日	第 1 版第 3 刷発行		
2019 年 2 月20日	第 2 版第 1 刷発行		
2023 年 3 月30日	第 2 版第 4 刷発行		
2024 年 1 月30日	第 3 版第 1 刷発行	監　修	大串　　夏身 金沢　みどり

著　者　柳　　与志夫

発行者　田中　千津子　〒153-0064　東京都目黒区下目黒 3－6－1

電話　03（3715）1501 ㈹

発行所　株式会社 学文社　FAX　03（3715）2012

https://www.gakubunsha.com

© 2024 YANAGI Yoshio　　Printed in Japan　　印刷　新灯印刷

ISBN 978-4-7620-3285-1

ライブラリー　図書館情報学
〔全10巻〕

監修
大串　夏身　（昭和女子大学名誉教授）
金沢 みどり　（東洋英和女学院大学人間科学部教授）

　高度情報通信ネットワークを基盤とした新しい社会が姿を表しつつあります。それは日本の情報政策でも示唆されているように，知識が次々と生まれる創造的な社会であり，誰でもがネットワークを活用するユビキタスネット社会であり，ネットワークを積極的に活用して課題を解決していく社会です。また，デジタル化された知識と情報をいつでも誰でもがネットワークを通して入手できる社会でもあります。こうした社会では，図書館は新しい役割を，またそれにふさわしいサービスの創造・提供を期待されています。

　新しい時代の図書館の担い手である司書の新カリキュラムが平成24年度から開始されました。本シリーズは，新カリキュラムに沿って作成されたものです。同時に，新しい時代の図書館の担い手にふさわしい司書のあり方を視野に入れた創造的なテキストであることを目指すものでもあります。これからの司書の育成に大いに貢献することを期待して新シリーズを送り出すものです。